速さは全てを解決する
『ゼロ秒思考』の仕事術
SPEED

ブレークスルーパートナーズ
赤羽雄二

ダイヤモンド社

はじめに

●「メモ書き」以外のスピードアップの工夫を全て公開

2013年に出版した『ゼロ秒思考』では、頭に浮かぶことを全部A4メモに吐き出していくと、もやもやがなくなり頭がどんどんよくなっていくとともに、究極的には瞬時に考え、結論まで出せるようになることを詳しく説明した。幸い、7万人以上の方に同書を手に取っていただけたので、多くの方に実際にメモを書いていただけたと思う。

お勧めした形でメモを毎日10ページ書き続けると、驚くほど頭がすっきりしていく。頭がすっきりするのに加え、優先順位が明確になって、仕事のスピードが上がっていくことを経験されたのではないか。

私自身、マッキンゼーに入社して14年間、「メモ書き」を始めとする各種のトレーニングを積み、前職のコマツのときとは比較にならないほど仕事のスピードが上がった。マッキンゼー後に共同創業したブレークスルーパートナーズでは、さらに仕事のやり方を工夫し続け、スピードアップしていった。

何をやるべきかやらないべきか。やるとしたらどういう順序でやるべきか。やる仕事1つひとつに関しては、どうやってスピードを上げるべきか。そういったことを考え続け、仕事が増えてもあまり苦にならず平気で対応していけるようになった。

マッキンゼーでは部下が数十名、場合によってはクライアントチームメンバーが数百名いたのに対し、ブレークスルーパートナーズではほとんど全て自分でやらなければならなかったためで、何事も「必要は発明の母」だ。

結果として現在では、複数の大企業の経営改革を進めつつ、10社を超えるベンチャーの経営支援を行ないながら、ブログも週2本書き、年間50回を超える講演・ワークショップをこなせている。にもかかわらず、会議中以外はほとんどのメールに着信から5分ほどで返信しているので、しばしば驚かれる。

本書ではこうした仕事量とスピードを可能にする工夫をできる限り公開する。スピードアップの基本的な考え方から具体的な方法論まで詳細に説明するので、誰にでも試していただける。工夫の1つひとつを見ると、すでにご存知のものも、やるまでもないと思うものもあるかもしれない。しかし、その集積が大きな力を持つし、人によっては1つのノウハウを実践するだけで、劇的に仕事が速くなることもあるはずだ。

しかも、やってうまくいかないところは、私あてにメールをいただければすぐにお答えし（akaba@b-t-partners.com）、一人ひとりに手応えを感じていただけるようにしたい。

もし『ゼロ秒思考』をまだ読んでいただいていない場合は、ぜひそちらも読んでいただきたい。本書の第3章にも書いたように、頭の回転をある程度よくしていただくことが、さらなるスピードアップの大前提になるからだ。

メモを毎日10ページ書きながら、本書で説明するあらゆるスピードアップのアクションに取り組んでいただければ、鬼に金棒だ。

●「速さ」と「早さ」、そして本書のタイトルについて

注意書き的なことだが、最初に、仕事のスピードを考えるうえで欠かせない、「速

さ」と「早さ」という2つの言葉の定義について、少し整理しておきたい。

「速さ」は仕事をするスピードのことを言う。英語で言うと「fast」のイメージだ。どのくらいのスピードで課題把握をし、解決をして成果を出していくかという、時間当たりの生産性だ。速ければ速いほど、書類をつくる時間、会議の時間、何かを成し遂げる時間が短くてすみ、成果を出せる。

そうすれば、他にやりたいこと、もっとやるべきことにも取り組むことができ、好循環が加速する。そのため、私は「速さ」を大変に重視してきた。

仕事を少しでも速くできるように、メールの書き方、メールのやり取りのしかた、書類のつくり方、再利用のしかた、会議のしかたなど、無数の工夫を積み重ねてきた。コマツのエンジニアをしていたときの仕事のスピードを1とすると、マッキンゼーに入って3〜5倍以上速く、本書でご紹介する方法が身についてからは、体感でさらに速くなっている。仕事時間はコマツのときから常にほぼ変わらず、仕事の質と量が向上し続けている。

「早さ」は、朝早く、早起き、など時刻が早いことを言う。英語で言うと「early」のほうだ。スピードが同じでも、早く始めると、ほとんどの場合、前倒しになり段取りがよくなって余計な時間を取られなくなる。

なので、スピードを上げるのと並行して、私はできる限り「早さ」にもこだわっている。それによって先手が打て、下準備ができ、無駄な時間が減って好循環に入りやすくなるからだ。

第2章で解説するように、「好循環」という言葉は重要なキーワードだ。仕事にしてもプライベートにしても、「どうやって好循環を起こせるか」「どうすれば好循環がさらに加速するか」に関して常に強い関心を持ち、考え続けている。「好循環」は決して偶然になるものではなく、意識して持ち込めるものと考えている。「たまたま好循環になってくれてラッキー！」というような考え方はいっさいしない。努力し、意識して早めに手を打っていけば、かなりの確率で好循環モードに入り込める。


私としては、以上のように「いかに速やかに仕事を進めるか」「いかに早く仕事に着手し早く終わらせるか」の両方を常に意識して進めているが、本書では「速さ」に両者を代表させ、タイトルを『速さは全てを解決する』とした。また本文中でも、「早さ」の意味もこめて、「速さ」や「スピード」という言葉をしばしば使っているところがある。ご了承いただきたい。

CONTENTS

速さは全てを解決する
『ゼロ秒思考』の仕事術

第1章 速さは全てを解決する

第2章

スピードを上げるための8つの原則

第3章

思考のスピードを上げる具体的な方法

第4章 スピードと効率を極限まで上げるノウハウ

書類・資料作成の時間を最小化する

第1章

速さは全てを解決する

日本人の生産性はなぜ低いのか？

●日本人のホワイトカラーの生産性は本当に低いのか？

日本人のホワイトカラーの生産性（労力やインプットと、生み出された価値やアウトプットとの割合）は相当に低いと言われているが、私自身の経験でもそう考えざるを得ない。少し話をしただけでも、改善余地が次々に見つかる。

海外との数値的な比較は経営学者の方々に任せるとして、企業での仕事の実態を見ると、

◎会議が多い、長い
◎会議の参加者が多い。発言しない参加者も多数
◎会議での差し戻し、再審議が多い
◎会議以外でも、職場でだらだらとしたおしゃべり、打合せが多い
◎案件ごとに膨大な書類作成が要求される。つくり直しも多い
◎上司の指示が曖昧な割に期待が大きく、何度もやり直しさせられる
◎この業務で何を達成すべきか目標が曖昧なことが多く、時間をかけて解決しようとする
◎上司が帰るまで帰りづらい職場が多く、仕事を短時間ですませようとしない、できない
◎定時という概念が弱く、それまでに仕事を終えようという意識が乏しい
◎サービス残業が多い。そのため、のんびり仕事をする

などが頻繁に目撃される。

大企業でも中小企業でも、スピードが命のはずのベンチャーでも会議が多くて長く、しかもだらだらとした進行が頻繁に見られる。論点を明確にして、素早く結論を出そ

うとするより、ともかく時間をかけてじっくりと議論しようとする。じっくりと議論する内容が本当にあり、知見がどんどん深まればいいが、責任逃れのための時間つぶし、優柔不断なための長時間の議論が平気で行なわれる。

会議以外でも、業務中に上司に呼ばれることは頻繁にある。業務に関しての具体的な指示ならともかく、上司の昔話や自慢話あるいは小言に長々と付き合わされることも普通に起きる。また、上司だけではなく、先輩や同僚とも、時間コストという概念のない議論が続くことが多いのではないだろうか。しかも、その議論に付き合わないと、「人付き合いの悪いやつ」ということになる。

サービス残業なるものは、契約社会の欧米ではあり得ないが、日本では多くの会社でサービス残業をして上司が残っている間は帰らないことが美徳とされている。それを無視して帰ったりすると「近ごろの若いやつは」ということで浮いてしまう。上司が帰った直後にチーム全員がばたばたと帰り支度を始めるというのはいったいどういうことなのか？　その日までにどうしても終わらせなければならない仕事なら上司に関係なくやり遂げることが必要だ。そもそもが、最短で仕事を進め、終わらせようとする姿勢からは正反対だ。

◉日本人の生産性を低下させる三大要因

日本人のホワイトカラーの生産性が低いとしたら、それはなぜなのか？　私の仮説はこうだ。

企業は大きくなるにつれ、企画、人事、経理、財務、購買、品質管理、顧客対応、広報等の仕事がどんどん増えていく。増えた仕事をこなすために人が増え、競争力がさらに上がって事業が成長し、利益率がさらに上がっていく。素晴らしいことだ。

ところが、それと同時に調整のための会議、共有のための会議、それに伴う書類作成、作成した書類を発表するための会議、会議の前の根回し、根回しの前の準備ミーティング等、加速度的に「お金を生むとは限らない時間」が増えていく。

これはどの国の企業にも多かれ少なかれ見られることだが、日本企業の場合、特に多いのではないか。

各部署、各部門のトップが一人で決定することができないため、持ち帰って部下と協議し、部下の顔を立てつつ、再度、部署・部門長間で調整したりする。改めて持ち帰り、部下の合意を取り、調整したうえで、今度は社長のいる御前会議で報告するといったプロセスが延々と続く。差し戻しになったりすると、また全てのプロセスが一からやり直しになる。

日本のホワイトカラーの生産性の低さの三大要因は、「自分で決定し、推進しきれない多くの経営者や部門長」「部門内外の調整につぐ調整」「それにともなう膨大・過剰な書類作成」だと考えている。

特に深刻かつ根源的な点は「自分で決定し、推進しきれない多くの経営者や部門長」だ。高度成長期で飛ぶように物が売れていたときには目立たなかったこの弱さが、ここにきて大変に足を引っ張っているのではないか。自分で素早く決定し、推進できれば、「部門内外の調整につぐ調整」も「それにともなう膨大・過剰な書類作成」も必要でなくなっていく。

自分で決定し、推進するということは、一言で言えば「仕事ができる」ということだ。つまり、自信を持った経営者、あるいは上司が非常に少ないということになる。これは、一部門長に限った話ではなく、過去数十年、社長や経営幹部の多くに見られる問題だ。そうでなければ、日本の製造大企業の大半の業績が高度成長期以降ここまで悪化し、時価総額において米国企業と圧倒的な差をつけられたことに関してうまく説明ができない。

1980年代以降、事業の成功要因が大きく変わってきた。ハードウェアだけではなく大きな利益を上げ続けることがむずかしくなり、ソフトウェアやサービスの重要性が大きく増した。シスコ、オラクル、マイクロソフト、グーグル、アップル等が急成長し、IBM、GE等が大きく経営の舵を切った（たとえばIBMは、PC部門を2005年に売却した）。

また、多数の顧客・ユーザーを囲い込んでプラットフォーム化し、そのうえで多くのデベロッパー、サプライヤーにビジネスの場を提供して収入の3～4割を徴収するモデルも広範囲に普及した。iPhone、Android携帯、Facebook等のモデルだ。

これら全てにおいて、日本企業の対応は極めて遅れている。どんどん先を行く米国企業の新戦略に気づかず、また気づいたとしても、痛みを伴う意思決定がまったくできていなかった。そのため必要な方向転換ができず、業績がどんどん悪化し、ホワイトカラーの生産性の低さにもメスが入ることはなかった。むしろ、なかなか行動に移せない、あるいは移しても業績の悪化が防げないなかで、生産性の低い会議が増え、内向きの議論や書類作成に膨大な時間を費やすようになっていったと考えられる。

●生産性の向上には「スピード」が鍵になる

一部の超優良企業以外、会社の方向性やそれを決定する経営者や部門長に大きな課題があり、生産性を低下させているが、本書ではその解決策はひとまず置いておく。本質的な問題であり、早急に企業として対応する必要はあるが、同時に個人としては「部門内外の調整につぐ調整」や「それにともなう膨大・過剰な書類作成」に対応して生産性を上げるしかない。

生産性が高い、ということは短時間で大きな成果を出せるということだ。他の人が数日かけてようやく作成する企画書を数分の一の時間で完成し、しかも質が高い。上司の合意がすぐ得られるだけではなく、社内の承認プロセスを速やかに通すことができ、実行に移せるということになる。

たとえばそのような企画をつくるには、

①何を書き、どう伝えるべきか、全体像を明確に持つ
②顧客ニーズと競合状況、業界動向に通じて、説得力ある文章を書く

③社内の意思決定プロセスを十分把握して通しやすい形で効果的に表現する
④内容の確認、各部署との調整が素早くできる
⑤上司やその上の上長などの期待を超える提案をする

などのツボを押さえ、各動作を素早く、かつ高い完成度で進める必要がある。

質の改善には経験もある程度必要なので一気にはむずかしいが、スピードは工夫次第でいくらでも上げることができる。そうすればＰＤＣＡを速く多く回すことができ、慣れないうちから質を向上させることができる。素早く仕上げて時間に余裕があれば、推敲したり、フィードバックをもらったり、追加調査したりできるからだ。

スピードを上げつつ、①〜⑤を的確に実行することで、他の人の数分の一の時間で完成させることが自然にできるようになり、全てが好循環で回るようになる。

一方、質を重視しすぎると、制限時間までに仕上げることがむずかしく、ＰＤＣＡを回せずに元も子もなくなることが多い。一度悪循環が始まるとなかなかそれを抜けて出るのが大変なので、要注意だ。

例外はもちろんあるが、ホワイトカラーの仕事においてはスピードを重視することが鍵となるのだ。

あなたの仕事が遅い理由

仕事にスピードが重要だとわかってはいても、実際は多くの人が仕事の遅さに悩んでいる。その理由をここで整理しよう。第2章以降の解説で、これらの解決を試みる。

●すぐ始めることができない

仕事が遅い理由のかなりの部分が、じつはスピードの問題よりも、「すぐに着手しない、着手できない」ことに起因する。

目先の仕事にかまけて遅れる、何だかんだ理由をつけて始めようとしない、ということはないだろうか。私自身、残念ながらこの問題を克服できていない。緊急時や本当に急ぐときはすぐに対応するのだが、そうでもないときは、もっと目先の、本当はそこまで重要ではないがちょっと急ぐこと、誰かにせかされたことにかまけ、本当は大事でとっくにやってないといけないことを1日、1日と後回しにしてしまう。

一度後回しにし始めると、「遅れたからちゃんとやらなくちゃ」と思い、さらに遅れるようになる。遅れた分、挽回し、よりよい結果を出そうとする。こう思ったらほぼアウトで、遅れている段階で質を上げて挽回することは大変むずかしい。他の仕事も待ってはくれないので、十分な時間など決して使えないからだ。挽回することは、無理してでも最初にやってしまうことより何倍もつらいし大変だ。

遅れ始めると、「もういいや、しょうがない」となってさらにずるずる延びていく。一度遅れた、後手になった、というだけで悪循環が始まる。ストレスを感じ、仕事全体のスピードにも影響し始めるようになる。

●やるべきことに集中できない

すぐ始めることができたとしても、他のことが気になったり、上司・部下・同僚・顧客などの依頼に応えたり、応対したりで集中できないことが非常に多い。何かに集中すると、当然、他のことがおろそかになってしまう。おろそかというか、後回しになってしまう。しかも真面目で勤勉な人ほどそれを嫌って、ついこまめに対応してしまう。そうした対応は生産性を落とすし、本当に大事なことから片付けられなくなるので、仕事がたまり悪循環になる。大事な仕事がどんどん後回しになって、その結果、また仕事が増えて収拾がつかなくなる。

こまめに対応したくても、そこはその場の気持ちに流されず心を鬼にして、今最も重要な課題に取り組む必要がある。ところが、私も含めてほとんどの人は集中できず、悪循環にはまっていく。

●段取りが悪く、後手後手になる

仕事を比較的すぐ始め、集中できたとしても、段取りが悪いと稚拙な仕事のやり方になってしまう。下調べして先に情報提供を依頼しておくとか、会場を押さえておくとか、メンバーを確保しておくとかは、前倒しでやっておくべきなのに、その場その場の後追いで必要に迫られて動くことになると、数週間から数か月の時間をロスしてしまうことになる。

この原因はおそらく想像力や先読み力の欠如だ。あらゆる仕事はいつまでに何をすべきか、そのためにはいつまでに何を仕込んでおくべきか、どこに何をいつまでに依頼すべきか、考えながら進めなければならない。料理と同じだ。数品のおかずを冷めずに手際よくつくるには、時間のかかるものから先に茹でておくとか、塩もみしておくとか、下ごしらえしておくとか、段取りをよく考えて進める必要がある。

段取りが悪いと、前に進めるために必要なステップをすぐに踏むことができず、あらゆるところで待ちが生じて悪循環になり、後手後手になっていく。

◉優柔不断、迷う

仕事が遅い大きな理由として、優柔不断がある。優柔不断とは、さっさと決めて動けばいいのに、決めることができない状況だ。迷いに迷う。こうなると、顧客候補にどういう提案をすべきか、来期の目標をいくらにすべきか、一応成果を出すものの部下の評判が非常に悪い主任をどうすべきか、など、素早く情報を集め、判断し、動くべきところで何もできなくなる。

優柔不断になる理由には、

◎自分の判断に自信が持てず、押し通せない
◎情報をいくら集めても意思決定ができない
◎一応自分の意見はあるが、反対意見が出たときにうまくまとめることができない

などがある。

自分の判断に自信が持てないと、過去の失敗体験や、仕事に対する知識・経験不足、あるいはその不足への過剰な意識から、決定し動くことができない。動けないからといって仕事の精度や質が上がるわけでもなく、ただただ時間を無駄に費やしてしまう。

情報をいくら集めても意思決定できない場合には、いつまでに何を決定し何をすべきか、という目的意識、切迫感がなく、だらだらと情報だけ集め、アクションは先延ばししてしまうことが多い。情報は右に行くべきか左に行くべきか意思決定するための単なる手段であるのに、目的化してしまう。問題は、こういう情報収集をして、仕事をした気になってしまうことだ。

自分の意見があっても、反対意見が出た瞬間におろおろしてしまう人もいる。自分の意見に自信がない、という以前に、全体像や過去の経緯、今回の仕事の背景を全部考慮しておらず、自分でもそれがわかっているため引け目がある。要はきちんと宿題

をやらずに「こうかな？　こうしよう」と決めてしまっているので、反対意見に対して前向きに議論することがうまくできないのだ。このような人は、双方の意見のよいところを取り入れて新しいアイデアとしてまとめることもできない。結果として優柔不断になり、仕事のスピードが一向に上がらない、ということになる。

●書類・資料作成が遅い

書類・資料作成に時間がかかりすぎることは、仕事が遅い理由の筆頭かもしれない。書類・資料をつくり始めるまであれこれ悩む。上司の顔がちらつく。調べ尽くさないと不安で書類をうまくつくれない。また、せっかくつくっても何度も直してしまう。これでいいのかよくわからず、ずっと不安が続く。

だいたい、上司も何を求めているのかはっきり言ってくれない。いつもそうだが、おそらく上司もどういう書類がほしいのか、肝心のところはよくわかっていないのだ。自分の要望を的確に、曖昧さなしに伝えられる上司などほとんど見たことがない。

もっと悪いことに、上司に言われた（と思われる）通りに書類をつくっていったら、「そうじゃない。そんなこと言ってないだろう？」とか、指示をきちんとしていなかったにもかかわらず、「センスがないなあ。一から十まで全部言わないとわからないのか！」「○○はこのくらい言っておけばちゃんとやってくれるけどなあ」とか言われる。後出しじゃんけんで修正を要求されることもしょっちゅうだ。

書類・資料作成に時間がかかるのは、上司のせいだけではない。上司に何を指示されたのかよくわからないとか、またどうせ怒られると気にやんだりして、つくり始めるまであれこれ悩んでしまう。タイトルも中身も考えすぎてしまう。考えること自体はもちろんよいことだが、それは内容が深まっていくときだけだ。自信なく考えても何も改善しない。何も積み上げていくことができない。

何とか仮の方針がまとまって作成モードになったとしても、全体像が必ずしもはっきりしていないため、作成中に次々に迷いが湧いてくる。半分以上書いたあとで一からつくり直すことも珍しくない。

また、会社の業務である限り、書類・資料を作成する際に、過去の書類・資料を参照すべきことは多々ある。ところが、それがなかなか見つからない。バージョンがいくつもあり、どれが最新だかわからないことも頻繁にある。

こういった理由から、仕事時間のかなりの割合を書類・資料作成に取られる人が多い。しかも、大企業であればあるほど、多くの書類・資料作成を要求される。細かな部分までチェックして、フォーマット通りに完成させることを命と考えているような本社あるいは部門管理スタッフの存在も、時間を取られる大きな要因になっている。

●メールに多くの時間を取られる

メールの対応にも多くの時間を取られる。メールが毎日数十通なら少ないほうで、数百通以上来る人も決して希ではない。読むのに時間がかかるうえ、返事を書いているうちに、さらに次々にメールが届く。

未読メールがどんどん増え、気が滅入ってしまう方も多いのではないだろうか。会議が終わってPCを見ると数十通追加で溜まっていたりする。メールを書いている最中にふと見ると、さらに10通以上増えていたりする。返事ができないうちに仕事が増えてしまうことが多い。思わぬ方向に展開して困惑することもある。問題点への対応が遅れ、状況がさらに悪化したりもする。こちらにも都合があり、段取りもあるのだが、問題が起きたときは後手になりがちだ。

一度後手に回ると、悪循環で問題が広がり、関連部署が動かざるを得なくなり、メールがどんどん増殖する。初期に対処していれば数通のメールに対応したりすぐ謝罪したりしておけばよかったことが、数十通、数百通に対応せざるを得なくなったりする。

そういう悪循環でなくても、メールを書くこと自体がそもそも苦手で、ちょっと込み入ったメールだと1通書くのに数十分以上取られる人も多い。

メールを書くのが遅い人は、

◎単にタイピングが遅い
◎言葉が浮かばない
◎状況に応じてこう書くべき、という基準がない
◎具体的にどこまで何を書けばいいのか見えず、いつもだらだら書いてしまう

というようなことがある。

タイピングが遅い人は、ブラインドタッチができずワンフィンガーだったり、ツーフィンガーだったりする。また、しょっちゅうキーの押し間違いをしたり、メールの基本に驚くほど不慣れだったりする。ある程度慣れた人に比べると、3～5倍くらい時間がかかっている。

言葉が浮かばない人は、ミーティング設定など簡単で定型的なメールは何とかできるものの、依頼したり、お詫びしたり、交渉したりする際に大きく詰まってしまう。どう依頼したら受けてくれるのか、言葉がなかなか出てこない。どうお詫びしたら穏便におさめることができるのか、イメージが湧かない。

状況に応じてこう書くべき、という基準がない人は、いつもゼロベース、かつ手探りでメールを書くことになる。毎回、おっかなびっくりで書くので時間がかかるし、内容もどうしてもぶれてしまい、何かともめ事になりやすい。

具体的にどこまで何を書いていいのか見えず、いつもだらだら書いてしまう人は、頭が整理されていない。何のために何をどう書いて、相手にどうなってほしいのか、どのくらいまで細かく書かないといけないのかを考える癖がないので、延々と続く。妙に長文メールになり、趣旨がわかりにくくなるうえ、書く時間が膨大になる。

メールは慣れれば慣れるほどスムーズにやり取りできるが、仕事の幅が増え、責任が重くなると、スピードが上がる以上にメールに書くべき内容の難易度が上がり、結局1通を書く時間があまり短縮できなかったりもする。いたちごっこだ。

◉会議が多い、時間が長い

ほとんどの会社では、だらだらした会議や、発言が少なく生産性の低い会議、あるいはむやみに長時間の会議が多いはずだ。

1時間半、2時間程度の会議はざらで、もっと長い会議も頻繁に開催される。しかも、1時間半の会議だと思ったら延々と続き、2時間たっても、2時間半たっても一向に終わる気配を見せない。社長や部門長が時間を気にせず続けるものだから、誰も終わらせることができない。結果として、予定を大幅に超過し、1日の大半が会議で終わってしまう。

会議の目的、期待成果が明確ならともかく、それが曖昧で招集だけされるというのもよく経験することだ。「出ておかないとまずいから出る」という感じで、出て何か貢献できるわけでもない。そもそも発言の機会さえ与えられない会議もよくある。

多くの会議では、てきぱきとした議事進行はあまり見られず、「糸の切れた凧」状態になりがちだ。最初だけ事前の議題に沿って進むが、誰かが脱線し始めたらもう収拾がつかなくなる。事務局が元に戻そうとしても言うことを聞いてもらえないか、議題に戻そうとすること自体を批判されたりする。

結果として、だらだらと話が続くが、何も決まらない。誰も決めようとしないし、誰かが決めようとすることに対して単に反対のための反対をしたりもする。反対することで、自分の賢さを示したり、自分の立場を誇示したりするためだ。自分の賢さを示せるどころか、周囲の失笑を買うのだが、それでもだ。だいたいは取締役や部門長など立場が上の人がお互い反目しあってそういう動きをするため、事務局がやきもきしてもどうしようもできない。

結局何も決まらないため、再度会議が設定されることもままある。いったいこの2時間半は何だったのかと思いつつ、顧客対応も新商品企画も後回しになる。時間切れの場合、翌日ならまだしも、「翌週の定例会議で」となることも多いため、本来はすぐ決めて行動に移すべきことがいとも簡単に1週間先送りになる。下手をすると役員層の時間調整のため、2週間先あるいは1か月先になってしまう、というのんびりした会社も少なくないはずだ。

さらに、大きな会社になればなるほど、似たような会議がいくつもあって、誰もその違いをよくわかっていないということが普通に起きる。商品企画会議、顧客ニーズ検討会議、付加価値強化会議などだ。それぞれ主管部署が異なっている。商品企画会議は企画部門、顧客ニーズ検討会議はカスタマーサポート部門、付加価値強化会議は管理部門などだろう。

よほどおかしな会社でなければ、数年に一度、会議簡略化、会議コスト削減運動などがトップから指示され当面は減らすものの、しばらくすると必ず増殖し、元に戻ってしまう。元に戻るだけでなく、何か問題が起こるたびにまた新たな会議が追加され、本当の問題解決の時間が取れない。そのためさらに問題が起きて会議が追加されるというのが悲しく馬鹿げた現実だ。

会議の最大の問題は、会議をすることで仕事をした気になることだ。会議が終わって「ああよかった。ここで一服」とか、「コーヒー飲んで一休みしよう」と休憩モードに入る人はじつに多い。何も決まっていないときや、決めた方針をさらにブレークダウンして直ちにアクションを取らなければならないときでも、長時間の会議を1つこなすと一休みモードになる。仕事の速さも早さも、どちらも大きく損なわれる。

◉差し戻し、やり直しが多い

さんざん上司に文句を言われ、意見を入れてつくった書類や企画案なのに、その上司自身に会議で簡単にひっくり返されたという方も多いだろう。

部下に曖昧な指示しかしていないのに、自分の意に沿うものが自然にできあがることを期待している上司がどれほど多いことか。自分も何がほしいかはっきりイメージできず、したがって部下への指示も「あれ、よろしくな」とか「あんな感じでこんな感じで」程度で終わってしまう。しかも、それに何の疑問も感じていない。部下は上司の期待を推察して書類や企画案をつくるものだと思い込んでいる。自分が部下だったとき、そういった上司にどれほど悩まされたかは、不思議なほど忘れているのだ。

部下のほうはもちろん困って、何とか上司の考えを探ろうとするが、上司のほうはそもそも自分が何をほしいのかきちんと考えていないし、それは自分の仕事ではないと思っていることも多いので、指示内容を確認する質問すらあまり喜ばない。自分の指示が曖昧なことを棚に上げ、「そんなこと自分で考えろ。給料をもらってるんだろ？　給料！」などと、平気で言ってしまう。

自分ならどうするのか、考えていない、考えられない上司がほとんどなので、書類や企画案を仕上げるまでに不毛な時間が延々と過ぎていく。何度も何度もつくり直しさせられ、そのたびに嫌味を言われた経験は誰しも持っていることと思う。

何度か直された最終的なものが、自分が提案した最初の案だったということも決して少なくないだろうし、それに対して「やはり俺の案が一番だな」と自慢する馬鹿な上司に嫌気がさしたことも多いのではないだろうか。そういう無駄な時間を膨大に費やした結果、いつしか書類や企画案はできあがる。しかし会議で発表する場になると、ここからがまた一騒動だ。

上司の意見を無理矢理反映した書類や企画案なのに、会議の場で上長の意に染まないとわかった瞬間、手の平を返したような態度を取る。上長の意見に完全に同調して、それが自分の元々の意見だったかのように、元々自分が指示して変えさせた書類の内容を節操なく非難してくる。

「彼の経験がまだ浅いものでして、まあ大目に見てやってください」と言ってくれるならまだしも、こちらが反対したにもかかわらず上司権限で押しきってきた点を100%部下の責任にしたりすることも平気だ。こういうことがあると、時間を大きくロスするだけではなく、会社へのロイヤルティややる気も一気に下がってしまう。

上司のあり方、部下育成に関しては、あまりにも問題点が多く、深刻なため、近い将来、別途掘り下げていきたい。

速さが解決する5つのこと

◉速さが上がれば、やるべきことにすぐ着手できる

前述のとおり、仕事が遅い人と速い人の差はものすごく大きいが、遅い人の場合、仕事の絶対的スピードの問題というよりは、単に締切ぎりぎりまで着手しないということも相当ある。

私自身、追い込まれたとき、追い込まれたものに対しては大変速いが、それ以外は延々と先延ばしにしてしまうのが昔からの癖だ。本を書くことなどはその典型で、現業に追われていると、締切があったとしてもどうしても後回しになる。特に毎日の膨

大な数のメールへの返信や翌日の講演用の資料などを優先してしまうので、締切があってないような状況になる。

また、集中できるときは速いが、何かと割り込みが入って集中できないときのほうが圧倒的に多い。そのため、なるべく割り込みが入らないよう工夫をし、集中して速さを上げている。

仕事が速くなれば、他の業務がどんどん片付くので、締切のある程度前に着手することができるようになる。そうすると何かと好循環が生まれる。あまり苦労なく、心が重くなることもなく、次第にやるべきことにすぐ着手できるようになる。仕事が速くなれば、人より一歩か二歩先に行くことができるので、あまりプレッシャーを感じることなく大事なことから始められるようになる。

●速さが上がれば、頭がよりよく動く

仕事が速くなれば、不思議なほど頭がよく動くようになってくる。

まず、何をどうすべきか早く思い付くようになる。このモードになると、新企画などもー気にできる。何かのヒントに対して閃きが走る。

次に、言葉がどんどん出てくるようになるので、資料・書類作成が加速度的に速くなる。後輩にびっくりされるほど速く作成できるようになる。

さらに、仕事を進めるうえで誰を押さえておくべきか、話を通しておくべきか、クリティカルパス（プロジェクトを進めるうえで鍵となる重要な部分）が見えるようになる。根回しが必要な日本企業だから、といったようなことではない。海外でも大差ない。誰が部署のキーパーソンで、その人に何かやってもらうにはどうすべきか、そのためには誰にまず話を通すべきか、誰の協力を仰ぐべきか、あまり悩まず考えられるようになる。

もっと進むと、「一を聞くと二が浮かぶ」ようになる。これは、仕事の成果をあげるまでの途中の障害や課題が見えており、次に何をすべきか、どうやって問題を未然に防止すべきか、リードタイムの長い仕事に関してどんな手を先に打っておくべきか、アイデアがどんどん湧いてくる状況だ。取るべき方策が勝手に浮かぶ。暗中模索のまさに正反対だ。

そうなると落としどころが見えてくるようになる。すると大きな成果が確実に出るようになるので、上司や顧客に喜ばれ、かつ社内の関連部署、協力企業にとっても好ましい形で仕事を進めることができるようになる。困難な仕事でも慌てることなく、すいすいとこなしていく。

こうやって工夫して仕事が速くなると、人より先に進む。そうすると情報も集まりやすいし、信頼も得やすい。リーダーとして頼られることも増えてくる。そういうポジティブな状況では、感度が上がり、いろいろなことに気づくし、情報量が増えるのでより最適な判断ができるようになる。

●速さが上がれば、ＰＤＣＡを何度も回すことができる

仕事が速くなれば仕事がどんどん進むので、人より先に、あるいはいつもより早めにＰＤＣＡを回すことができる。

ＰＤＣＡとは、Ｐｌａｎ（計画）、Ｄｏ（実行）、Ｃｈｅｃｋ（評価）、Ａｃｔ（改善）のサイクルであり、これを回すたびにアウトプットの質が上がっていく。一度ではなく二度、二度ではなく三度回せば、アウトプットがどんどん改善されていく。

書類作成であれば、

Ｐｌａｎ（計画）：書類の全体構成、ページ配分、各ページの内容、落としどころ

等を検討する

Do（実行）：全ページを一気に書き上げる

Check（評価）：当初のねらいがどのくらい満たされているかを確認する

Act（改善）：不足の部分、適切でない部分は書き直す

Plan（計画）：改めて、書類の全体構成、ページ配分、各ページの内容、落としどころ等を検討する

Do（実行）：全体的に改善を進める

Check（評価）：当初のねらいがどのくらい満たされているか、書類を見る側の立場で確認する

Act（改善）：不足の部分、適切でない部分は書き直す

顧客開拓であれば、

Plan（計画）：顧客候補の事業規模、適性から顧客開拓計画を作成する

Do（実行）：顧客開拓計画に沿って、実際に10～20社ほど当たってみる

Check（評価）：結果に応じて、当初の顧客開拓計画を見直す

Ａｃｔ（改善）：見直した顧客開拓計画に沿って、改めて顧客候補にアプローチする

Ｐｌａｎ（計画）：改めて、顧客候補の事業規模、適性から顧客開拓計画を作成する

Ｄｏ（実行）：追加で5～10社ほど当たってみる

Ｃｈｅｃｋ（評価）：結果に応じて、顧客開拓計画を最終確認する

Ａｃｔ（改善）：見直した顧客開拓計画に沿って、改めて顧客候補にアプローチする

といった形になる。

一度目より二度目、二度目より三度目のＰＤＣＡサイクルのほうが速くなり、改善箇所もより高度な改善になり、こちらの感度、頭の切れもどんどんよくなっていく。

Ｐｌａｎ（計画）は得意だがＤｏ（実行）が苦手な人、Ｐｌａｎ（計画）は苦手だががんがん突っ走れる人、Ｐｌａｎ（計画）もＤｏ（実行）もいまひとつだが、Ｃｈｅｃｋ（評価）、Ａｃｔ（改善）が特に得意な人。人それぞれだが、そこで終わっていてはもったいない。苦手のステップを少しでも改善して、ＰＤＣＡが途中でひっか

からないようにしていこう。ある種のリズム感を持って、タンタンタッターンとステップを踏んでいく。簡単なところから進めていくとPDCAを急回転していくコツがだんだんわかってくる。

PDCAはいつも同じペースで回すのではない。一度目は特に速く回し、アウトプットの目処をつける。そうすると時間的にも精神的にも余裕が出てくるので、二度目はゆったりした気持ちで、ただしかなり速くPDCAを回す。ポイントがわかっているので、本当に大事なところだけ確認し、改善しながら加速して回すことができるようになる。

●速さが上がれば、やる気が出てくる

仕事が速くなれば、やる気がどんどん出てくる。なぜならば、

◎仕事が速くなると、先手が打てるようになり、効率よくアプローチできる
◎仕事が速くなると、余裕を持って顧客の真のニーズを把握できるようになり、打ち手の精度が上がっていく

◎仕事が速くなると、多少の失敗をしても挽回できるようになる

　ということが起きて、楽に成果が出せるようになるからだ。そうなると、アドレナリンが出て、ますますスピードアップしていく。人より一歩も二歩も前に出るようになる。当然いい結果が出るので、やる気が高まる。仕事が速い人、できる人はこのコントロールが非常にうまい。

　一方、やる気が維持できなかったり、アップダウンがあったりして苦労している方は多いのではないだろうか。

　どうにもやる気が出ない、集中できない。そういうなかでやる気を維持しようとする努力は、つらくストレスになる。そういうときは、精度を少し犠牲にしてもいいので、仕事のスピードを大幅に上げてみる。先手を打ち、段取りを前倒しして、ざっとでいいので結果を出してみる。そしてＰＤＣＡを回してみる。そういった細かな努力の積み重ねをしているうちに、気分はそこまで高揚していなくても結果だけは出るようになる。少なくとも仕事が速くなると周囲の見る目も変わってくる。自然に楽しくなる。そうすれば、いつの間にかやる気が出てくるはずだ。

　全ての仕事に当てはまるわけではないが、多くの仕事はこういうふうに、ささっと

やることで精神的な余裕をつくり、優位に立つことで自ら好循環をつくり出し、やる気を高めていくことができる。そのためにもスピードを意識することが必須になる。

●速さが上がれば、実力を出せる

仕事が速くなれば、やる気が出て結果も出てくる。そうすると、心も体も伸び伸びとして、自分の持っている本来の力を出せるようになる。

プレッシャーに強い人と弱い人がいる。プレッシャーに強い人は、過剰に結果を心配しない。何とかなると思っている。「自分ができることはやったので、これ以上気にしてもしょうがない」と、いい意味で居直っている。居直ることができると、過剰にどきどきすることが減り、平常心で仕事を進めることができる。平常心なので、普通に自分の力が出る。

プレッシャーに弱い人は、結果をものすごく気にする。結果だけではなくて、人が自分のことをどう思っているのか、どうせできないと思っているのではないか、など人目も気にする。さらに失敗したあとのことも心配する。恥をかくのではないか、恥をかいたら会社にもう行けないのではないか、などまだ起きてもいないことも全部くよくよ心配する。

プレッシャーに強い人は、誰にでもプレッシャーがあると考え、プレッシャーがあるのは当然で、自分だけが特別大変だとは考えない。事前準備は十分したので、あとは何とかなるだろうと考える。「もう考えても、悩んでもしょうがない」「まあ、やるだけやってみるか」という心境だ。

そういう心境で仕事のスピードを上げていけば、プレッシャーを感じている暇がなくなる。こういっては何だが、「プレッシャーを感じる」というのは、だいたいにおいて少し暇というか余裕があるのだ。最速でPDCAを回しているときは、プレッシャーであれこれ悩むような時間的余裕がなくなってくる。悩んでいる暇がない。どんどんこなしていくしかない。そういうふうにしているうちにプレッシャーを感じにくくなり、気がついたときには力がつき、実力を出せるようになっている。

実力を出そう出そうとしたり、成果をあまりに意識したりすると逆にプレッシャーになるので、あまりそういうことを考えず、仕事のスピードアップだけに集中する。超高速にPDCAを回し、その段取りに神経を集中することで、結果が出るようになる。プレッシャーを感じていたこと自体を忘れるようになり、いつの間にか実力通り力を出せるようになる。

スピードは永遠に上がり続ける

●仕事の改善点は無限にある

ここまで読まれて、自分はもう精一杯、仕事のスピードを上げている。これ以上は無理だという方もいるかもしれない。しかし、仕事をするうえで改善できることはいくらでもある。

たとえば「20部コピーを取りホチキス留めする」といった単純業務の中でも、工夫できることが多数ある。たとえば、コピーの量が多いときは、複写機のガラス画面の上にガイドを貼るとか、周囲が黒くならないように大きめの紙でカバーするとかなどだ。ホチキスも、普通は左上端ぎりぎりに、しかも斜め45度でとめると、読む人にとって開きやすく破れにくい形になる。

また、いずれものちほど詳しく説明するが、次のような工夫や努力を全て尽くしているだろうか？

書類に関しては、一度作成した書類は、使い回しができるよう、本来のフォルダ以外に「再利用フォルダ」にコピーして保存しているだろうか？　ものによってはフォーマットだけ残したテンプレートをつくっているだろうか？

メールの文章も同様に「文例フォルダ」をつくっているだろうか？　受信したメールの文章が素晴らしいと思ったら、それもやはり保存しているだろうか？

メールや資料作成の速度を左右するブラインドタッチのスピードを上げる努力をしているだろうか？　ショートカットキーもずいぶんある。

プロジェクトを推進する際にチーム内のコミュニケーションをしやすくするために最初にFacebookグループあるいはメーリングリストを設定し、ファイルの共有場所なども設定しているだろうか？

仮に本書で紹介する方法を全て取り入れていただいたとしても、あなたの仕事ならではの改善の余地は無数にあるし、しかもその仕事は時間の経過によって変化していく。仕事上の改善は際限なくでき、スピードは上がっていくものなのだ。

●スピードアップは本質的に楽しいもの

仕事上の工夫をすると、アウトプットの質が上がり、プロセスが改善されるので、スピードはどんどん上がっていく。企画書の作成に2週間かかり上司にさんざんダメだしされていたものが、3〜4日でできるようになり、上司からも若干の修正指示ですむようになる。

ちょっと込み入ったメールだと1時間以上かかっていたものが、15分で書けるようになる。また何かあれば2時間以上ああでもないこうでもないと議論していたチームミーティングも、45分くらいで課題整理とアクションに合意できるようになる。

スピードが上がるので気持ちの余裕も出てきて、もっといいアイデアが生まれるし、PDCAを何度も回すことができるようになる。段取りがよくなって人をうまく動かすことができるようになる。仕事上の無駄もほとんどなくなっていき、最善手が自然に打てるようになる。

そうなると、精神衛生上、とてもよい。気分がよく前向きになれる。ネガティブに考えることが少なくなっていく。もっといろいろな工夫をしようと思うし、その結果、どんどんスピードアップされていく。

全ての工夫がうまくいくわけではない。ただ、いい結果につながることが多いので、試行錯誤自体が楽しくなる。新しいやり方にチャレンジして人が驚くような工夫をし続けることになる。こうやって、仕事のスピードは永遠に上がり続ける。

私は学生時代からこういう努力を続け、積み重ねてきた。マッキンゼーに入って壁にぶち当たり、生き延びるために努力とさまざまな工夫をせざるを得なくなって大きく成長できた。マッキンゼー卒業後は、一人で多くをやらざるを得なくなってさらにスピードアップし、それが当たり前だと思っていた。ところが、世の中を見渡すと、どうもそうではないようだ。

小さいときからプラモデルをつくったり、タミヤのリモコン戦車を改造してラジコンにしたりしていたので、ちょっとした工夫を無数にすることが癖になっていたのかもしれない。こういう模型づくりをすると、ＰＤＣＡを回すのはごく当然のことになる。そうしないとプラモデルができあがらなかったり、電池を入れても走らなかったり、塗装しても汚くなったりするからだ。

多くの人と仕事をし、助言するなかで、じつは私がやってきたスピードアップのさまざまな工夫は十分人に伝えられるもので、それによって誰でも大幅な改善が短期間でできることがわかるようになった。誰でも仕事のスピードが速くなると楽しくなって、自分からいろいろな工夫をし始める。ほんのちょっとしたきっかけが大切だと思う。

次章以降では、スピードを上げるための原則や、多数の細かな工夫について詳しくご説明する。ぜひ、工夫する楽しさを知っていただきたい。一度楽しさを知ると、あとは好循環が起きるので、勝手に前に進んでくれる。工夫できるようになる。

工夫を重ね、スピードを上げ続けることは非常に楽しく有意義なことだ。一人でも多くの方にその喜びを体感していただきたい。

第2章

スピードを上げるための8つの原則

原則①

まず全体像を描く

スピードを上げるためには、まずその仕事の全体像を理解する必要がある。全体像とは、最終成果が何で、それを出すためにどういう要素があってどういうステップと段取りを踏んで成果につなげるのか、どこから手をつけると最も効果的なのか、そういったこと全てを言う。

全体像が見えれば、どの部分が大事で、どの部分はそれほどでもないかがわかる。どこが絶対に押さえるツボなのか、どこが危ない橋なのかが見えてくる。そうすれば、必要以上に丁寧な仕事をして、本当はそこまで大事ではないところに延々と時間をかけたり、あとでやるべきなのに最初に時間をかけすぎるなどがなくなる。リスクを測りつつ、思い切ってスピードを上げていくこともできる。上司も安心するし、経験の少ないチームメンバーも全体像を理解したうえで個々のタスクに取り組んでくれる。

たとえば企画書をつくるのであれば、誰に対しての何ページの企画書なのか、企画書の目的が何なのか、全体構成はどうなのか、目次はどうなるのか、各ページにどういった内容を書くのか、その中にはどういった細目を準備すべきなのか、全体像がわかると、各部にかけるべき時間や細かさがわかる。

自分が最終責任者であれば、自分で全体像を考え、バランスを取りながら仕上げていく。第三者の意見が貴重なので、部下や同僚の意見もできるだけ参考にする。上司がいる場合は、自分で全体像を考え、上司にぶれがないことを確認して見定めてから、実際の作業にはいる。

この「上司への確認」が何より大事で、ぶれがないことを確認しても、途中で気が変わる上司がいる。正しく理解できていないのに安易に「わかった。それでやってくれ」という上司もいる。そういう上司に限って、あとで「何をやっているんだ？」と詰問したり、「そんなつもりじゃなかった。お前は何もわかっていないな」と平気ではしごを外したりする。とんでもないことだが、ほとんどの上司がこのレベルだろう。会社全体で見たら、上司への教育が他のどれと比べても重要なのはまさにこれが理由だ。

現実問題としては、会社勤めをしていると、十中八九、頼りない上司、信用するとやや危ない上司と仕事をすることになるので、こまめに確認する（これは、皆さん自身もそう部下に思われていることが多いので要注意。つまり、「上司が部下に対してどのように指示をして最高の結果を出すようにすべきか」というノウハウが、日本企業にはほとんどない）。

口頭での確認は危険だ。記憶は曖昧で、必ず自分の都合のよいように記憶がずれていってしまうからだ。「絶対こうだ、こう言った」と思っても、かなりの確度で不正確になる。記憶とはそういうものなのに、「絶対間違いない。こう言った。こう合意した」と言い張る人、特に上司が多いので、どれほど注意しても注意しすぎることはない。必ず上記の全体像を描いてそれを上司に渡し、できるだけ齟齬のないように説明する。短時間でいいので、途中で何度も確認する。そうしたほうが互いに安心でき、上司からの信用度も上がっていく。

原則②

丁寧にやり過ぎない

仕事を速くするには、丁寧にやり過ぎてはいけない。丁寧なことはもちろんいいが、「やり過ぎない」という点が重要だ。

ここは、人によってはかなりの発想の転換が必要になる。「丁寧であることが常に善だ」と思い込んでいる人が必ずどの組織にもいて、素早くやろうとすると反対する。体を張って止めようとしたり、あるいは上司や他の部署に言いふらしたりして邪魔をしようとする。自分がもしこういうタイプだとしたら、「場合によっては丁寧にやり過ぎないほうがいいこともあるかもしれない」と考えてみてほしい。

本当に大事な、仕事の核心部分はもちろん丁寧にやる必要があるが、それ以外の部分も同じ丁寧さで延々と進めては、時間がいくらあっても足りない。

それに、結果として時間切れになってしまっては、丁寧さも何も元も子もない。仕事の核心部分についても、「本当にその丁寧さでよいのか」「このやり方は過剰品質ではないのか」、あるいは「時間ばかりかかって、じつは本当の意味での丁寧さと違うのではないだろうか」という疑いを常に持ち続ける必要がある。前はベストだったやり方も、今回はベストではない可能性が常にある。何度もやっていれば、「手を抜く」という意味ではなく、よりうまくやれる方法も見えてくる。

丁寧さこそ命、と考えてきた人は、その仕事の「成功の定義＝うまくできたと言える条件」を整理し、仕事をやり遂げる全体像をまず考えるべきだ。最速で完成させたあと、もう一度見直すことで、全体として十分丁寧な仕事をすることができる。

それでも気になる人はぜひ次のように考えてみてほしい。

仕事の全体像が見えていることばかりではないため、そのごく一部に時間をかけ過ぎると、時間が足りなくなり途中から慌ててしまうことが多い。つまり、一部を丁寧にやり過ぎた結果、全体としてはまったく丁寧でない仕事になってしまう。

それでも納得できない場合は、こういう考え方はどうだろうか。仕事は、丁寧にやることそのものが目的ではなく、あくまでも結果を出すことが目的だ。結果を出すために必要な丁寧さを考え、それを十分満たせばいいのであって、決して「丁寧さありき」ではない。時間がいくらでもある場合、人手が余っている場合は、ひたすら丁寧にすることもあるし、それを顧客に評価されることも確かにある。ただ、顧客によっては一刻も早くほしい場合もあるし、顧客の利益に直結しない丁寧さを必ずしも評価してくれないことも多い。そういうある種の過剰な丁寧さにより多くのお金を払ってくれていた時代も以前はあったが、どんどん少なくなっている。だから、やみくもに丁寧にするのではなく、バランスを考え、顧客にとって本当に意味のあるところを集中的に丁寧にすればよいと考えてはどうだろうか。

ヘアカット専門店QBハウスはこの考え方を徹底し、1時間以上かかり数千円以上もしていた理髪店の仕事を10分で1080円、というサービスに置き換え急成長している。もちろん、それが必ずよいというわけではないが、仕事というからには何かの事業の一部になっている。事業として成功しなければ、顧客に価値を提供し続けられない。そう考えると、丁寧さも十分バランスを考えながら、優先順位を明確にして取り組む必要がある。

以上、人にはそれぞれの価値観があるが、こと仕事に関しては「意味なく丁寧にやり過ぎない」ことが大切だ。多くの場合、「丁寧さ」が顧客視点ではなく、考えずに作業する結果になっているかもしれないということを常に考えるようにしたい。

原則③

仕事のツボを押さえる

スピードを上げるためには、仕事のツボを押さえることが効果的だ。

ツボを押さえるとは、仕事を成功させるうえで最も重要なポイントを把握し、無駄を省いて効果的に進めることだ。重要なポイントを押さえているので、気分的にも余裕を持って全体のバランスを見ながらＰＤＣＡを回していくことができる。力を入れるべきところに集中できるので、確実に成果が出て、仕事に追いまくられることもない。

したがって、ツボを押さえている人は、いつも余裕があるように見える。てんぱっていることがない。落ち着いて、人ともよく話をしながら、かつ仕事自体は電光石火で進めている。視野が狭くなることもない。人が話しかけづらくなることもなく、裸の王様にもなりにくい。では、どうやったらそういう素晴らしい状態になれるのか。

まず、その仕事が成功した、うまくいったという状況を想像し、「仕事の成功のイメージ」を明確に持つことだ。

「ロイヤルカスタマー30人を集めた顧客交流会を開催する」のであれば、ただ「顧客交流会の詳細スケジュールを設定し、出し物を準備して開催する」のではなく、「参加顧客の大半が大いに喜び、当社への愛着をさらに強く感じてお帰りいただく。製品だけではなく、それを裏から支えている当社社員との関係も生まれて、理解も深まり、会社への熱烈なファンとして友人・知人にも広めてくれるようになる。当社経営陣も、ロイヤルカスタマーとの接触のなかで、目指すべき顧客像をこれまでになく身近なものとして感じ、より本格的にこの事業に注力してくれるようになる」といった感じだ。

こういうことを細かいところまで想像することで、自然にツボが見えてくる。

また、「仕事の成功のイメージ」を実現するために何が必要か、何度もシミュレーションし、段取りを明確にすることも大切だ。

何をいつまでに、どこまでやらなければならないのか、どういう順序でやらなければならないのか、誰に何を頼んでどう動いてもらわなければならないのかを緻密に考え、何度もシミュレーションする。繰り返し考えてみることで、どこがまだひっかかりそうか次々にアイデアが湧いてくる。

慣れないうちは、仕事ができる人をよく観察し、なぜいつも仕事がよくできるのか考えるとよい。彼らがどこをツボと考え、どう確実にやり遂げているのか、学ぶところが多い。横から見ているだけではわからないことも多いので、できる限り質問もさせてもらう。「ああ、そうだったのか！　なるほど！」ということが多々ある。

原則④

好循環をつくる

仕事を速くやるためには、できるだけいろいろな部分に好循環をつくることだ。好循環というのは、仕事を進めるうえでよいほうに勝手に物事が進むような状況のこと、多くの人が次々に協力してくれるようになることだ。いろいろな出来事が次々に起きてうまくいくようになる。

例をいくつか説明したい。たとえば、書類作成に必要な資料を前倒しで依頼しておくことで、実際の作業に入るころには関連部署から資料が届いているだけではなく、こちらの状況が伝わったことによって長年の問題だったお互いの理解不足がなくなり、うまく連携できるようになる。もちろん、自分が着任してからは、普段から関連部署のキーメンバーとのコミュニケーションを十分にとり、何か貢献できることは貢献しておく、ということが重要な前提となる。

また、たとえば、チームとしての運営方針やコミュニケーションのルールを先に決めて、メンバーがコミュニケーションしやすいようにしておくことで、問題が起きる前に防止してくれたり、安心して取り組めるためによりよい結果が出て、やる気をさらに出してくれたりする。チーム発足時に、どうすればうまくいくのか、どういうときに大失敗が起きるのか、十分議論しておくことも好循環を生み出すベースになる。

あるいは、展示会に出展し、多数の引き合いを得てから1社に絞り込み、先方もこちらもコミットしてユニークな商品開発ができることがある。そのおかげで次回の展示会ではさらに評判が高くなり、また新たな商談が舞いこんでくる。

こうした「好循環をつくる」ためには、いくつかコツがある。第一に、好循環は、信頼できるチーム、パートナー等との間で起きる。不安定なところでは当然生まれようがない。したがって、そういったチーム、パートナーを大切にし、コミュニケーションを重視し、うまく業務が回るようにしておく。いつ好循環が始まっても不思議がない、という状況にしておくことだ。

第二に、好循環が始まりかけたら、その好循環がさらにうまくいくように加速させていく。どういう好循環が生まれているかは肌で感じるので、それをさらにうまくいくようにしかけていく。これは仕事をしている中で一番楽しいことの1つだ。次々にアイデアが湧き、それを試せばさらに結果が出て、チームも喜び、顧客も喜び、これまでにない結果が生まれていく。

第三に、じつは自分から好循環をつくりだそうとあまりしないほうがいい。好循環というのはいろいろ種を蒔いておけば、自然に始まるものだ。どの種が特に好循環に貢献するかは、そのときになってみないとわからない。決して偶然に任せるわけではないが、不自然なことはせず、種を蒔くことに集中する。

何か意図的に好循環をつくりだそうとしても無理がある。事前の準備、仕込みの度合い次第だが、好循環が生まれるとき、生まれる必然性のあるときは、勝手にうまくいく。

原則⑤

工夫のしかたを工夫する

誰もが、どんな仕事においても、何か少しは工夫をしながら取り組もうとするはずだ。これを一歩進めて、「工夫のしかたを工夫する」とか、「特別な工夫をする」ことを意識すると、仕事はさらに速くなる。私はその点を特に気をつけている。「ちょっとした工夫」ではなく、もっと徹底した「特別な工夫」だ。

たとえば、仕事を速くするためにはどうやったらいいか、先輩のやり方を見たり聞いたりは普通にするだろう。しかし、身の回りで一番仕事が速そうな二人にやり方を聞き、一番遅そうな二人にやり方を聞いて、二組に一致するところ、一致しないところを整理し、自分のやり方を工夫する、というところまでやる人はまずいないと思う。

「仕事を速くするためにそこまでするのか」「そこまでしなくてはいけないのか」と

感じるとしたら、「まさにそういうレベルの努力、工夫が大事だ」と言うしかない。そういう工夫を常にし続ける人と、ほとんど何も考えず、言われたまま何となく仕事を続けている人の差はとてつもなく大きい。

また、たとえば、仕事を速くするために既存の資料から使える部分を探し出すことは誰でもやると思うが、社内の関連資料から再利用できそうな部分を事前に選び出し、ポストイットなどでインデックスをつけ、全体像を頭に入れたうえで次回以降の探すスピードを一気に短縮できるよう準備しておく人はあまりいないだろう。

さらに、メールや資料作成の入力を速くするために単語登録をする人はいるが、徹底して速くするために数百以上の単語登録をしたり、メールアドレスやＵＲＬまで単語登録する人はあまりいないだろう。

仕事を速くするために何かと工夫する人はもちろん多いが、それを徹底するために、「仕事を速くするライフハックブログ」などを書き続けて他の人を刺激し、勉強会を開くことでさらにノウハウを得ようとまでする人はごくわずかだろう。

上記以外にも、工夫のしどころは無数にあり、常に何らかの特別な工夫をすることで、仕事はどんどん速くなる。しかも質も上がっていく。全体観も身についていく。少しずつの積み重ね、特別な努力の積み重ねで大きな差がつく。

しかも、この努力は精神的にも非常によい。自分が明らかに人と違う次元の努力をしていることが励みになるからだ。その結果、好循環にもなりやすい。周囲の人が感心してくれて、逆にいろいろ情報が集まり始めるからだ。協力者も出てくる。あまり苦労をせずに、特別な努力を続けることができるようになる。こうなると、ほとんど趣味の世界の喜びに近い。

原則⑥

前倒しする

仕事を速く進めるうえで重要な点は、できることは全部前倒しすることだ。「全部前倒し」というのは、先のことでもできることはなるべく全部早めにやっておくということだ。早めにやるほうが精神的には楽で余裕があるので、落ち着いて広い視点から取り組むことができる。心に余裕があるので頭もよく働く。

いつもぎりぎり一杯で仕事をしている人は、前倒しなど思いもよらないだろう。しかし「ぎりぎり」だと、目先のことにあくせくし、先手を打つこともできず、想定がはずれたときに挽回のチャンスもなく、好循環など起こりようもない。人の協力も得にくい。ストレスが強くなり、体も心も疲れ果てる。

そういう状況からどうやって前倒しできるようになるか、ポイントを挙げてみる。

◎仕事の全体像をまず押さえる
◎無駄な仕事、不要不急の仕事を切る。他の人に頼める仕事は依頼して切り離してしまう
◎自分でなければできない仕事に集中して、それだけをまず片付ける
◎余裕が生まれ次第、少しずつ前倒しに取り組む
◎3～6か月を目処に、仕事全体の段取りを大きく変える

「ぎりぎり」の人は仕事の全体像を押さえていないことが多い。精神的な余裕がなく、自分には理解できないと思い込んでいることもある。

そこからまず変える必要がある。わからなければ、上司、先輩に遠慮なく聞く。「お前、そんなことも知らなかったのか。知らずにやっていたのか」とあきれられることもあるだろう。ただ、「聞くは一時の恥、聞かぬは一生の恥」というやつだ。

次に、無駄な仕事、不要不急の仕事を整理する必要がある。全体像が見えると、この判断がやりやすくなる。先輩に相談して優先順位をつけてもらうことも大切だ。わかっている人から見ると「どうしてこんなことをやっているのか」「それはいらないのになあ」「もっといいやり方があるのになあ」と思っていても、面倒だったり嫌が

られることを心配したりして、教えてくれないことのほうが多い。会社によっては無駄なくノウハウを伝授するところもあるかもしれないが、そういうところは希だ。

そのうえで、自分でなければできない仕事に集中する。そこではいろいろな工夫ができるはずで、最初のうちは先輩、同僚に相談して「なるほど！」と思ったことは全部やってみる。会社・上司・先輩によっては、「このやり方でやっておけばいいから」という冷たい視線もあるかもしれないが、そういったことを一々気にしていたら、一生、人に使われるだけになる。

こういう努力を繰り返していると、どういう人でもスキルが上がっていく。仕事のスピードも上がっていく。そうやって余裕が生まれ次第、少しずつ前倒しできるようになる。前倒しできると好循環が始まるので、もっと楽に前倒しできるようになる。「その日にやらなくてよいことはやらない」という哲学を持ち、実践している人もいるとは思うが、成長したい人には私はあまりお勧めしない。「その日にやらなくてよいことはやらない」というのは一見合理的なようでいて、「仕事は給料をもらうため、生活のため」という発想があるのではないか。それも当然ありだが、それだとなかなか前倒しができず、結局仕事のスピードも上がっていかない、ということを心配している。賢く考えて仕事をしているようでじつはそうではない、ということがあり得る。

「全部前倒し」というのは、終電まで仕事をするとか、徹夜する、という意味ではまったくない。夜は勉強会やセミナーに行くので、それまでにできることを全部やっておくとか、それだけのことだ。ただ、私のお勧めは、「できることは全部前倒しする」だ。今日できることは全部やっておく。緊急でないものでも今日できることはやっておく。長時間労働の勧めではなく、自分として許容できる限られた時間内での姿勢のことだ。そうすれば、何より気分的に楽になる。自分に自信が生まれる。アドレナリンが出る。気分がポジティブになり、実力も出やすくなる。さらに、前倒しを前提にしておけば、「あ、しまった！」ということもほとんどなくなる。タスクを忘れていたとしても、まだ十分時間に余裕があるからだ。

原則⑦

一歩先んじる

人より一歩先んじるのは、精神衛生上、大変によい。一歩先んじるという意味は、「進むべき方向を人より先に考えておく」「調べる情報を先に調べておく」「こちらから先に会議を設定する」などだ。誰かが何かに気づいてアクションを取る前に、いつもなぜか先に動いていると思われるようになることだ。

半歩でもいい。他の人より少し前を歩くだけで、俄然リーダーシップを発揮できる。人は、少し前を行く人にどうしてもついていってしまう性質がある。相談もされるし、情報も集まってくる。そうすると最善手を取りやすくなり、さらにリーダーシップを発揮しやすくなる。リーダーシップを発揮できると、一緒にやってくれる仲間が増えるので、仕事はさらに速く進んでいく。

世の中には、誰かに前を歩かせて、どこで失敗するかを見定めてから進もうとする人もいる。一見賢い選択のようだが、お勧めできない。そういうやり方をしていては、人に先んじて情報を得ることができない。人より先に全体像をつかむこともできない。人より先に取り組んで成果を出す、あるいは失敗してそこから学ぶ、ということもできない。リスクが大きいとき、先頭を走る勇気がどうしても出ないとき、たまにはそういったやり方もあるとは思うが、いつもそれでは出遅れるし、人はついてこない。

もちろん、拙速過ぎて躓いてしまったり、無駄なばくちをして大やけどをしてしまったりするのはだめだ。拙速過ぎるとは、前にどういうリスクがあり、何が必要か、自社・自分の体力をほとんど考えず、向こう見ずに飛び込んでしまうことを言う。「一歩先んじる」ことと、「拙速過ぎる」ことの違いを認識するバランス感覚が鍵だ。

このバランス感覚は人によって大きく違う。バランスの悪い人は、心に余裕がなく、早く成果を出そうとあせり、自社・自分の体力を考えずに飛び込もうとし、妙に攻撃的に行動して人を唖然とさせる。

自分にその傾向があるのではないかと気になる方は、145頁で紹介する方法で、社外の人に折に触れて相談するとよい。一人で考えてもバランスのずれはわからないし、上司・部下・同僚の意見には反発しがちで、素直に受け入れにくいものだからだ。

原則⑧

二度手間を全力で避ける

仕事をしていると二度手間が生じることがままある。時間をかけ、かなり進めたあとで、資料作成の方針が正しいものと違っていたということはよくあるし、プロジェクトを進めるうえでの前提条件のずれが途中でわかることも多い。

全部が全部避けられるわけではないが、できる限り避けたいのは当然だ。時間を余計に取られるだけでなく、チームの士気が一気に下がり、立て直すのが大変になる。いったん二度手間が生じると、あとを引いて最後まで挽回不能になってしまうこともある。リーダーであれば自信と勇気が傷つき、メンバーからの信頼が大いに損なわれる。どうすれば、こういった二度手間を避けることができるか。

初めての仕事の場合は、周囲の経験者何人かによく話を聞いて、仕事の全体像を理解し、どこに落とし穴があるかを確認しておく。仕事のほとんどは誰かが経験し、うまくいったり失敗したりしている。そこから学べることは全部学ぶ。ベンチャーあるいは個人事業主などの場合も同様だ。社内に経験者がいなくても、外に先輩はいくらでもいるので、聞き回れば十分に知恵がつく。

また、最初が肝心なので、自信がそれほど持てない状況では、上司・先輩に頻繁に確認することも大切だ。仕事を成功させるまでのイメージを持ち、繰り返し考えることで、ぶれが生じたらすぐわかるようにしておく。

注意点が1つある。二度手間になりそうなことがわかったとき、目をつぶってそのまま続けてしまいたくなることだ。「これはまずい」と思い始めても、それを言い出してチームをがっかりさせるのが怖いし、上司や先輩の目も気になる。今の作業を続けてどうにかできないかと問題の先送りをしたくなる。これはぜひとも避けてほしい。プライドが強い人、自分の失敗を認めたがらないタイプの人はぜひ注意されたい。

上司・先輩がいれば悪いニュースをすぐ共有し、最速で挽回の手を打つ。いなければ、リーダーとして自分で腹をくくる。あとになればなるほど体制の立て直しに時間がかかるので、思い切りが必要だ。いい組織、いい上司ほど、悪いニュースをすぐ共有するようにしており、問題の未然防止と迅速な対応を可能にしている。

第3章

思考のスピードを上げる具体的な方法

「メモ書き」でゼロ秒思考を目指す

●頭がよくなる世界一シンプルなトレーニング

私は、人は本来、誰でも頭がいいと考えている。学歴がいいとか悪いとか、勉強ができるできないとか、人はいろいろなことを言うが、そういうものは受験勉強を勝ち抜くポイントを小中学校でうまく身につけたかどうかで大きく左右される。たまたま中学校のクラスにちょうどよいライバルがいて勉強が楽しくできたり、受験校なので皆がある程度以上勉強しており、何となく同じくらい勉強した結果、いい学校に入ったりする。確かに一部にむずかしい仕事もあるが、普通に仕事をしたり、生活をしたりするなかでは、こういったことはほぼまったく関係ない。人の頭は十分によい。

むしろ東大などになると、受験戦争に勝ち抜いたということでプライドが異常に高かったり、自信がありすぎて頭が固かったり、人の話を聞こうとしなかったり、人生で挫折を味わったことがなく人の痛みにうとかったりして、人間としてどうかなということもままある。テストの点はよいが、「頭がいい」とは言い難い。

もちろん将棋・囲碁のプロ棋士や、理論物理学者、数学者は普通の人とは違う特別な頭をしている。百手以上先を読んだり、複雑な数式を空で組み立てたりできる。でも、そういった能力は日常生活はもとより、ほとんどの仕事ではあまり関係がない。だから、そういう例外を除いて、普通の人は本来十分に頭がよい。頭が悪いと人に言われたり、自分で卑下してつい言ったりしてしまう人でも、きちんとものを考えることができる。自分で判断してそれなりに生きているし、友達の相談にも乗れる。学歴に関係なく、素晴らしい仕事や感動するような生き方をしている人はいくらでもいる。

ただ、本来的によい頭も、悩みや思い込み、習慣によって十分に力を発揮できないことがある。いろいろな悩みがあって、なかなか考えがまとまらないことは誰しも経験したことがあるのではないだろうか。少しでも気になることがあると、集中して考えることができない。考えようとしても、数秒後には悩みに心がとらわれてしまう。

悩みとまではいかなくても、気持ちがもやもやすることはいくらでもある。

ところが、私がマッキンゼーに入って以来続けているＡ４用紙への「メモ書き」は、悩みや思い込み、不安やもやもやを取り除いて、本来の頭のよさを発揮できるようにしてくれる。

Ａ４用紙を横置きにして、左上にタイトル、右上に日付、本文を４〜６行で各20〜30字程度書く。この１ページを１分で書き、朝起きてから夜寝るまでの間に毎日10ページ書くと頭が非常にすっきりする。毎日10ページのメモ書きを続けていると、確実に頭がよくなっていく。仕事ができる人はさらに切れる人材になっていく。

この「メモ書き」を広めるため、２０１３年に『ゼロ秒思考』を執筆した。詳しくは同書を読んでいただきたいが、仕事のスピードを上げるには必須のトレー

会議の時間を短縮するために　2015-2-1

ー会議のアジェンダをきちんと決め、事前に通知して
　期待設定をする

ー会議に必要な資料は少なくとも前日までに配布し、
　説明時間を半減する

ー一人一人の発言は要点をしぼって発言してもらうよう、
　繰り返し促す

ーディスカッション内容をホワイトボードに整理する
　ことで重複をなくす

ニングであるため、本書でも改めてそのポイントと効果を紹介する。

●「メモ書き」はコミュニケーション力を上げる

毎日10分ほどの「メモ書き」を3週間続けると、別人のように頭が回転し始め、仕事のスピードが大幅に上がる。自信も湧いてきて好循環が始まる。

普段からアイデアがどんどん湧いてくるようになるし、そのアイデアに対して自分で体系的に整理し、深掘りをし、自分自身で納得感を持てるようになる。よくわからないことに関して、何を調べたらいいのか、誰に聞くべきなのか、聞ける人をどうやって見つけるのか、どんどん進めていけるようになるので、仕事は大いにスピードアップする。

仕事をしていても、判断に迷ったり躊躇したり、上司が何をしてほしいのかよくわからなかったり、漠然とした不安を抱えて行き詰まったりする人が多いが、それも大幅に減っていく。上司が何をしてほしいのかよくわからないのは、ほとんどはこちらの問題ではなく、「上司自身、部下に何をしてほしいのかよくわかっていない」「何をしてほしいのか、細かなところまで言うのが面倒くさい」「細かなところまで上司自身が考えていない」ことが大変に多いからだ。だいたいのイメージはあっても具体的に何をすべきか、何をすべきでないか、ほとんどの上司はよくわかっていないし、深く考えない。それを自身で認めようとしない。

もちろん、部下に何をしてほしいかよくわかっている上司もいる。ただ、そういう上司は最初から仕事がよくできるので、一般人の気持ちがあまりよくわからないことが多い。仕事をするときに迷ったり逡巡したりする、ということがよくわからない。悪意がないことがわかっていても、そういう上司に下手に質問すると「こいつ、本当に何もわかっていないな」と思われるのではないかと気になり、質問も容易にはできない。

そういう上司に限って、自分がまさかそういうふうに思われているとは自覚していないので、いらだちを顔に出すし、たとえそれは抑えたとしても、全身から「早くやれ！」オーラが出まくる。無理して確認しようとすると、こちらのびくつき具合が心証を悪くする。それも怖いので、聞き返すこと自体簡単ではない。

ところが、メモ書きを続けて数週間すると、上司がしてほしいことが以前より格段によくわかるようになる。もしわからないときでも、以前と違って遠慮なく聞き返すことができるようになる。自分が何をわかっているかわかっていないか、それは自分の責任なのか上司の説明不足なのかが明確になるので、びくびくしなくなるからだ。上司への質問がよく整理されていると、上司が「そうだ！　そうなんだよ」と一人で納得してくれるようなことまで起きる。上司とのやり取りが非常にてきぱきするようになり、上司からの信頼も増し、仕事がやりやすく、かつ速くなる。

プライベートでも、友人・知人、彼・彼女・配偶者などとのコミュニケーションが非常にスムーズになる。「何を求められているのか」「それに対してどう応えるとベストか」「今何を言うべきかあるいは言うべきでないか」が前よりずっと見えてくる。ぴたっぴたっとツボにはまった対応ができるので、関係はもちろんよくなっていく。「なぜメールの返事が来ないんだろう」とか、「どうしてこんなことを言ってしまったのか」など、悩んでもしかたがないことにあまりとらわれなくなる。何が問題で、改善できるのかどうか、改善できるとしたらどうすればよいのかが見えてくるので、意味なく気分が重いということが減っていく。あとで心配すればいいようなことは、「あとで考えればいいや」と思えるようになる。

意味なく悩むことが減り、全てにわたって自信が湧くので、余裕があり、笑顔も出やすくなり、好循環が生まれ、ますます仕事のスピードは上がっていく。

●「メモ書き」で不安ともやもやをなくす

「メモ書き」を毎日10ページ続けると、数週間のうちに不安な気持ちが減っていく。気がかりなことが頭に浮かぶたびに、溜めずに全部メモに吐き出していく。何が気になるのか、それはどうまずいのか、気になるたびに何度でも書く。書くべきタイトルは、たとえば、

◎課長（上司）はなぜ新プロジェクトを任せてくれなかったのか？
◎課長はどうしていつも自分だけに厳しいことを言うのか？
◎課長に何度説明しても伝わらないが、部長にどう伝えるべきか？
◎次のプレゼンをうまくやるには？
◎彼（彼女）にどう謝るべきか？
◎彼（彼女）から3日間メールが来ないが怒っているのか？

などだ。気になるたびに吐き出していくことで、自分が何を気にしているのか、も

ややしたものが何なのか、どうして嫌なのか、などが見えてくる。

普通はこういった気になること、嫌なことを書いたりしない。ネガティブなことを書くのはいけないことだと考えていたり、書いても何も変わらないから書きたくない、と思っていたりすることもある。思い出したくもないことなので、書くこと自体が嫌だ、これ以上考えたくないという人もいるだろう。『ゼロ秒思考』では、そこをあえて全部吐き出していくことをお勧めしている。1分でタイトル、日付、4〜6行で各20〜30字程度、それを毎日10ページ以上書くようにすると、愚痴を言うのと違って目の前に表現されるので、何が気になっていたのか、どうして不安なのかがはっきり見えるようになる。なぜそういった気持ちになっていたのかがわかるようになる。

不安な気持ちのかなりの部分は、何がまずいのか、どのくらいまずいのか、どうなってしまうのか、よくわからないことから過剰に不安がかきたてられた結果なので、メモに書くことで曖昧さが減り、より平常心に近い気持ちで問題点が整理されていく。問題点が整理されると、「あ、こうすればいいんだ」と自然に解決案が見えてくることもあるし、「すごく嫌な気分だったし、不安だったけど、全部書き出してみたら、ちょっとすっきりした。まあ何とかなりそうな気がしてきた」というふうに、気持ちが整理され落ち着くことも頻繁に起きる。

この結果、不安やもやもやが大幅に減り、仕事に集中できるようになる。当然、仕事のスピードは大きく上がる。

●「メモ書き」で頭がよくなる

ふと浮かんだような気持ち、浮かんでは消えるもやもやがあると、気になってしかたがない。私自身もそうだが、普通の人は集中して何かを考えることができなくなる。しかし「メモ書き」によってもやもやを言葉にすることができると、よくわからなくて集中を乱されていたことがほとんどなくなっていく。もやもやでも言葉にすることができるようになると、頭に浮かぶことを放置せず、その場で言葉で表現できるようになる。何が嫌なのか、それに対してどうしたいのか、何はできそうだが何は後回しにしたいのか、本当はどうすべきかなど、さほど遠慮なく表現できるようになる。

そういうことが普通にできるようになると、以前から何となく考えては消えていたこともそのつど書き留めるので、明確に整理して考えることができるようになる。考えることに自信がなかった人でも、メモを整理して書けるようになると、驚くほど自分の考えに対して自信を持てるようになる。全てに余裕が出てくる。整理して考えるようになると、それ自身が優先順位の設定そのものなので、好循環が始まる。最も重要かつ緊急なことから自然に着手できるようになる。

さらにメモ書きを続けていると、瞬間的に判断できるようになる。

頭が整理されていると、自分の仕事に関して何が大切か、どの点を押さえておくべきか、どういう問題が起こり得るか、その場合どうすべきなのかが、普段から読めるようになってくる。それが判断の軸になる。

判断の軸を持つようになると、何が起きてもあまり慌てず騒がず、すぐ何を調べ確認すべきか、最速で動けるようになる。あっという間に必要な情報を集めることができる。するとほぼ瞬時にどうすべきかが見えるようになる。その間にも新たな情報が入るが、全体像をしっかり押さえているので、迷わずに判断できるようになる。そのスピードは常人の何倍か、何十倍かになる。

「メモ書き」を続ければ、こうやって頭がよくなる。頭がよいと言われる人の行動が自然に取れるようになる。

判断が遅い人は、こういう状態を見て、拙速だとか、いい加減とか、手抜きとか、言いたい放題言う。自分にできないことだから、どうしても悔しくてそういう見方になってしまう。じつは、判断が遅い人は本当にじっくり考えているというよりも、

「ああでもない、こうでもない」と迷っている時間のほうがはるかに長い。迷いながらでもどんどん深掘りしていれば質が上がっていくが、そういう人は表面をなでるだけで終わり、時間を浪費しがちだ。頭が整理されていないため、気になること、気にすべきことが浮かんだり消えたりしながら悩んでいる。

もちろん、瞬間的に判断すると言っても、それで最終判断するという意味ではない。瞬間的に判断する癖をつけておき、今ある材料だけでいったん結論を出す。いったん結論を出すと全体像がよりはっきり見えるようになるので、そこで改めて検討し直す。

結論を出さないということは、何をどこまで考慮して結論を出すべきか、どういう状況ならどういう結論を出すべきか、という整理をせず、判断をずるずると先延ばしにしているだけだ。

本当に仕事で使える問題把握力・解決力とは

仕事のスピードを上げていくことは、いかに問題把握・解決力を強化するかということとかなり重なる。なぜなら、問題点を素早く把握し、その本質を見抜き、どう解決すべきかを整理して、直ちに解決に乗り出すことができればできるほど、仕事のスピードが上がっていくからだ。

問題点を素早く把握するには、普段から何が問題になり得るか考え続けることが大切だ。何も考えず、ぼうっとしていては問題の発見・把握が遅れてしまう。問題は起きるものという前提でいつも注意を払っておく。これは車の運転と同じで、注意し続けないとすぐ前の車に追突したり、道路を人が渡っているのに気づかなかったりする。

新製品発売の場合は、商品にどういう不具合が起きる可能性があるか、顧客や販売店からどういうクレームが来そうか、在庫は十分か、競合企業がこちらにとって致命的な対抗策を打ってこないか、など注意を払い続ける必要がある。どんな小さな仕事でも同じだ。気にしなくてもうまくいく、前もうまくできたのだからと思うと、その心の隙が問題点の発見を遅らせる。

問題点を把握し、その本質を見抜けば、的確な手を打てるので長引かず解決する。本質を見抜けず、表面的な現象にとらわれていれば、打つ手打つ手がはずれ、事態はどんどん悪化していく。一度悪化し始めると悪循環が始まり、時間がいくらあっても足りないことになる。

本当に仕事で使える問題把握・解決力とは、自分の役割・責任に照らし合わせて成果を出すツボを押さえ、責任を確実に果たせる力だ。言いかえれば問題点を即座に見抜き、近視眼的にならずに直ちに解決できる力だ。「彼・彼女はすごく仕事ができる」と言うのは、まさにこの力であり、「彼・彼女は仕事ができない。頼りない」というのは、この力の不足と言ってよい。

しかし、そういった仕事の基本を本当にきめ細かく教えてくれる上司はほとんどいない。大半は、「先輩のやり方を見て覚えろ、前例と同じようにしろ」という指導になる。そのやり方が今も最適・最善であり、明らかにお勧めのやり方であればまだいいが、仕事の環境、競争状況は常に変化している。

上司が入社した当時、あるいは上司がかつて成功した当時のやり方をそのまま教えると、場合によっては大きな問題を起こす。上司自身、それほど丁寧に教えられた経験もないし、管理職研修も心構え的なものが多いため、どうしても経験則で行動しがちだ。そうなると、いいやり方もまずいやり方も、そのままコピーされるか、劣化しながら継承されていく。それが会社やその事業所のカルチャーになっていく。

そういったやり方を自分の頭で考えて根本から変える必要があるし、実際変えることができる。そのためにここからは、仕事のやり方を根本から見直し、仕事の質とスピードを大幅に上げる問題把握・解決力の強化方法について詳しく説明していきたい。

鍵は、頭を整理し、物事を深く考える力そのものにある。

異次元のスピードをもたらす仮説思考

●仮説思考とは

「メモ書き」を続けると、もやもやがなくなり、もやもやしてもすぐ整理され、考えたいことを素早く考えられるようになる。それと並行して、さらに目指すべきは「仮説思考」だ。仮説思考が身につくと、それ以前とは異次元ともいえるスピードが仕事にもたらされる。これもぜひ「メモ書き」で実践してほしい。

仮説思考とは、「これはこうかな」とおおよその自分の考えを持つこと、持とうとすることを言う。言葉に馴染みがない人もいるかもしれないが、どうということはない。問題点にしても解決策にしても、一番最初から仮説を持って、「これが問題点では」とか、「こうすればいいのでは」とか考え続ける。

たとえば、駐車場探しのためのスマホアプリを開発する場合であれば、車を運転している人が何に本当に困っているのか、駐車場さえ案内すればそれでいいのか、駐車場候補が複数ある場合はどういう判断をして案内すればいいのか、など運転している人の立場で考え続けることだ。そうすれば、よりかゆいところに手が届くサービスを提供できる。

アパレルECストアの場合であれば、服を買うとき、人が何に困っているのか、何がうっとうしいのか、世の中で言われているほど服を買うことは楽しい時間なのか、お客様の立場に立って徹底的に考え抜く。そうすれば、ショッピングが好きだという女性であってもじつは時間があまりなく、結構面倒だと思う人も多いのではないかと想像が働くようになる。

タブレットPCによる飲食店の顧客管理システムの営業の場合も、店側は何が悩みなのか、これまでどうしていたのか、お客の立場だと何が嬉しいのか嬉しくないのか、飲食店にとっての競合がどこでこれからはどう戦うべきか、など考えられることは多数ある。

「できる人」は普段からアンテナが高く、考えているので、最初から仮説を持って臨み、走りながら検証していく。救急車が119番に通報があって即時に飛び出していくのと同じだ。いつでも飛び出せるように出動準備をしている。場合によっては、通報がある前から問題の未然防止に乗り出し、なぜかその人のプロジェクトは常に順調に進む、ということになる。

◉仮説は検証して正解に近づける

仮説は検証しなければ意味がない。仮説の検証は、インタビューや不具合情報の分析などによって行なう。インタビューは、むずかしく考えず、一番知っていそうな人をすぐつかまえてともかくいろいろ聞く。社内の人、お客様、協力企業の方でも、こちらが真剣に聞こうとし、次々に質問していけば、ほとんどの人はあまり隠さずに話をしてくれる。嬉しいことに、人はじつは話したがり屋なのだ。

注意すべきは、インタビュー相手として向いている人といない人がいることだ。向いている人は一を聞いて二、三を話してくれる人。話が若干脱線気味でも、こういう人のほうがいろいろなことがわかる。もちろん、完全に脱線する人、同じ話を何度も何度もする人は早めに切り上げるほうがよい。

インタビュー相手として向いていない人は、話すことが苦手で、何を聞いても「はい」「いいえ」「わかりません」という答えしか返ってこない。悪意はまったくないし、隠そうとしているわけでもないが、ともかく口が重い。こういう人の中にも希に情報収集力が高く鋭い人がいないわけではないが、鋭い人は決して隠すことができず、すぐわかる。大半は感度が低いのでやはり早めに切り上げる。

また、インタビュー相手との相性にもよしあしがある。インタビューに向いている人とこちらの相性がいいと、口が弾み、最初に約束した時間を大幅に超えても話してくれる。警戒もあまりせず、親切に何でも教えてくれる。一方、相性が悪いと口がものすごく重くなる。インタビュー相手全員と相性がいいわけではないので、相性が悪いと思ったら、さっさと次の人に切り替える。

仕事の早い人はこういう見極めも非常に早い。聞ける人からはがんがん聞き、聞けない人は失礼にならない範囲でできるだけ短時間で終わらせる。具体的には30分程度でその人の属性を聞き、聞きたかった質問を一応カバーして、特に話も弾まず終わる感じだ。それ以上短くするのはかなりむずかしい。

不具合情報は、顧客からのクレーム、品質管理部による再評価、販売店からのフィードバック等から判断する。オフィスにいて遠隔で把握しようとしてもむずかしい。不具合のレベルと発生場所にもよるが、極力現地に行き、直接顧客の声を聞き、目で見て肌で感じて把握するのが何と言っても一番だ。そうして初めて「災い転じて福となす」というようなことができる。新しい事業・サービスのヒントを得ることもできる。

インタビューや不具合情報の分析をベースに、最初の仮説を素早く修正する。仮説思考が身についている人は、何事にも「これはこうだ」「あれはああだ」という意見をかなり明確に持っている。意見を持たないということがない。慣れているし、基本動作として体に染みついているので、仮説を立てることが瞬間瞬間に行なわれている。特に努力することもなく、自然体でできている。

●仮説思考は誰でもやっていること

「仮説思考」というとむずかしそうだが、日常生活では誰でもごく普通にやっていることだ。雨が降りそうだから傘を持っていこうとか、夏休みで天気がいいから今晩の花火会場はきっとすごく混みそうだとかそういうことだ。雨が降りそうだと感じても何も考えず、傘を持たずに出てびしょ濡れになるとかは普通の人ではあまり考えられない。特に苦労せず、エネルギーも使わず、無数の仮説思考をしつつ、人間は生きている。

ところが、仕事に関する仮説思考に対しては、かなりのアレルギーや抵抗がある。「調べもしないで仮説を言うなどもってのほか」とか、「十分調べてから慎重に意味合いを考え、問題点を整理すべきだ」になる。何事にも常に自分の判断を持つ、ということを嫌う人が多い。

これには誤解があると思う。仮説思考の人は仮説を持っているが、人の話を聞いた瞬間、必要に応じそれまで持っていた意見を即座に修正することができる。

仮説思考

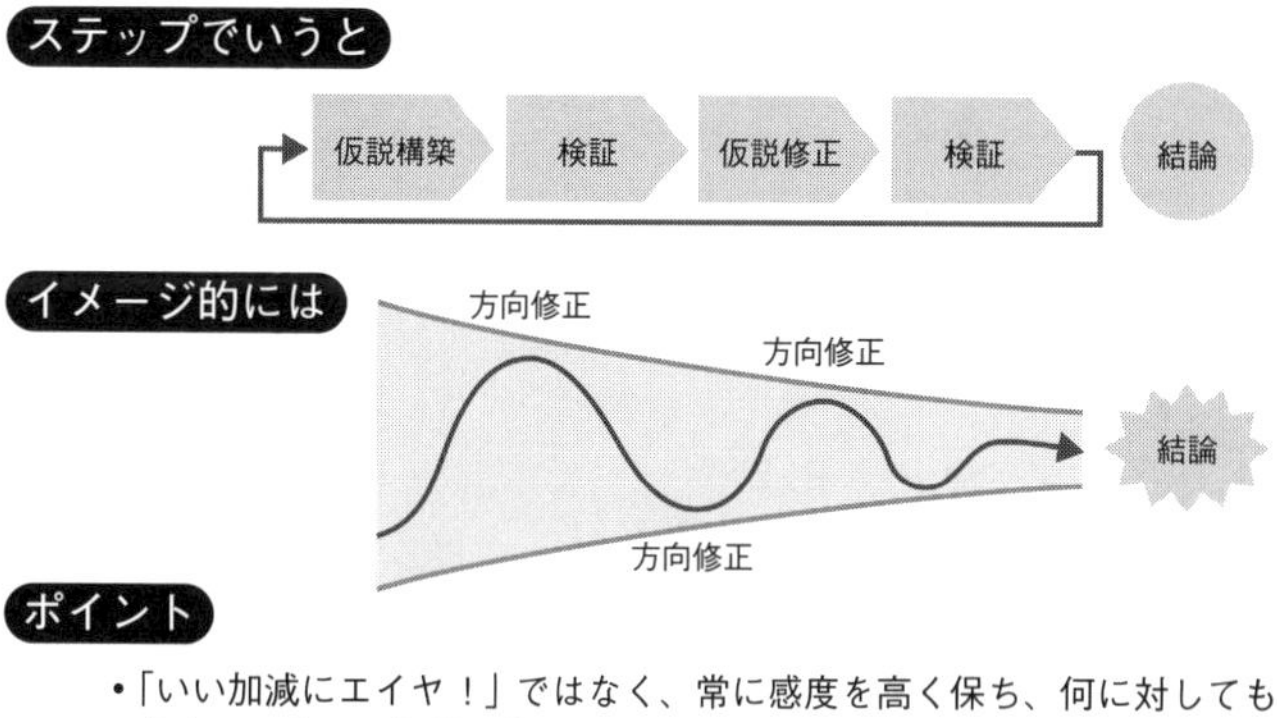

ポイント

- 「いい加減にエイヤ！」ではなく、常に感度を高く保ち、何に対しても自分なりの考え、仮説を持っていることが大前提
- インタビュー、データの分析などの検証作業を始めると新たな仮説がどんどん湧き、仮説が修正される
- このプロセスのスピードとダイナミックさについていけない人にとっては大きなとまどいが生じる。飲みに行って話を聞いてあげる、背景を説明してあげるなど、フォローアップとマッサージが必要

仮説思考ができる人は、常に仮説構築、検証、仮説修正、検証というステップを電光石火に回している。常に感度を高く保ち、何に対しても自分なりの考えを持って事に臨んだり、インタビューしたりするので、無為に時間を過ごすことがない。方向修正にも何の躊躇もない。仮説は仮置きだという意識が強く、新しいインプットによって直ちに変更するので、考え方も大変柔軟であるし、ダイナミックな思考ができる。もちろん、そうした思考が「いい加減にエイヤ!」といったものではないのは、言うまでもない。

●仮説思考に慣れる方法

仮説の立て方には若干の慣れが必要だ。慣れだけではなく、ある程度の業界知識なども必要で、それがないとかなり的外れになる。当たりをつけるため、私の場合は、最初に業界やその課題に詳しい方を見つけて一気に知識を仕入れるようにしている。想像力や勝手な推論をベースにして仮説思考をするのは時間がかかるし、精度も低く現実的ではない。

仮説思考をすることがどうしても苦手な場合、「仮置きしているだけだから気にしなくてよい」「あとでいくらでも修正すればよい」「百歩譲っていったんそうしておけばよい」というふうに考えると少し柔軟に考えられるのではないだろうか。

仮説思考にどうしても馴染めない方は、「仮説思考をしないことによるデメリット」をぜひ考えてほしい。仮説思考をしないと、結論が出るまで膨大な時間がかかる。膨大な時間をかけて精度が高ければよいが、往々にして時間をかけすぎて頓挫してしまう。頓挫しなくても全体像を見失ったり、課題解決が遅すぎて問題がより深刻になってしまったりすることも多々ある。

仮説思考が苦手な人でも、いったんは思い切ってやってみてほしい。何度かやっているうちに、「全て最初に調べ尽くさないと気がすまない、気持ち悪い」という思い込みが少しずつなくなっていくはずだ。

ゼロベース思考にも取り組む

仮説思考と同様に大切な考え方が「ゼロベース思考」だ。これは、「本来どうあるべきか」「本当はどうなっていないといけないのか」を前例や現状にとらわれず、徹底的に考え抜くことだ。これも「メモ書き」と非常に相性がいい。

前提として知るべきは、所属している組織内には、「暗黙の前提条件」「制約条件」がいろいろとあり、本来どうあるべきかを考えにくくしているということだ。

組織内の暗黙の前提条件というのは、「当社では、顧客の声よりも商品企画者のセンスを重視する」「ユーザーは自分が何を求めているのかわかっていない」「ともかく安くつくれば売れるはずだ」「新商品開発にはどうしても2年かかる」「品質に関してはカスタマーサポート部が対応し、不満等は押さえ込むものだ」など、誰も口にはしないが明確に組織の行動原理に染みついてしまっているものを言う。

制約条件とは、「競合を考えると、1500円以上の値段にはできない」「本社費用の配賦は毎年5%増が避けられない」「プロジェクトリーダーには部長職以上がつかなければならない」などだ。

さらに自分自身も、利害関係の罠にはまりがちだ。自分自身の利害関係とは、何が起きると自分は得で、何が起きると自分には損だ、というような考え方で、つい客観的な視点を見失う。これを意識してリストアップし、取り払って考えてみると、より自由な発想をしやすくなる。

また、日本では当然と思うことでも、世界的に見るとまったく当たり前でないことも多々ある。「残業をするのが当たり前」「サービス残業はしょうがないこと」「年休は全部消化しきれないもの」「仕事は指示されたことだけではなく、気を利かせて対応する」「意見をあまり述べると目立ち過ぎてよくない」などは、日本の常識にすぎない。それでいいと思っていない場合ももちろんあるだろうが、その流れに抵抗するにはかなりの勇気がいる。

そのため、ゼロベース思考をするには、日本人以外との積極的な接触・意見交換が欠かせない。それがあれば、当たり前と思ってまったく疑っていなかったことが、じつは世界的にはかなり特殊なことだったということに気づきやすい。

日本は島国で一度も他の国から攻め込まれたことがなく、江戸時代に200年以上にわたって鎖国をしており、外国人比率が非常に低かった。そのため独特の文化、視点を持つようになったという経緯を意識しておく必要がある。もちろん、おもてなし、親切、丁寧、几帳面、忍耐強い、勉強・研究熱心などの美徳もあるが、世界で戦う必要がある時代には、ゼロベース思考を意識して学ぶ必要がある。

ゼロベース思考といっても、「青くさい」「単に過激な」「現状を無視した」やり方をする、ということではない。あくまで、深い現状理解と大胆な発想で、あるべき姿とその達成までの現実的なステップを描くことが必要だ。

徹底的に考え抜くことが習慣になっている希な人以外、意識してゼロベース思考にチャレンジしてほしい。視野が大きく広がって、今までの自分の発想はいったい何だったのだろうと不思議に思うようになる。ゼロベース思考を始めようとすると、最初は不快に感じることも多い。今までの自分が安心して浸かってきた枠組みから背伸びしないといけないからだ。慣れないストレッチをしないといけないからだ。ただ、慣れてくると、本質的に筋が通っているので大変快適になる。

「これは考えないようにしよう」「これはしかたがない」「これは我々のやり方ではな

い」「新しいやり方にはなるべく目をつむろう」といった制限から解き放たれるので、発想も自由になっていく。今後ぜひチャレンジしていただきたいが、自助努力だけではそれほど簡単ではない。ゼロベース思考をしている伸び伸びとした先輩、友人に接する機会を増やし、刺激を受けるようにするのが一番簡単で手っ取り早いと思われる。

効果的な問題解決のためのスタンスがゼロベース思考

- 本来どうあるべきか、徹底的に考え抜く
- 組織内の暗黙の前提条件、制約条件、および自らの利害関係を意識してリストアップし、取り払って考えてみる
- 「日本の常識は世界の非常識」ということを肝に銘じ、日本人以外との積極的な接触・意見交換を図る
- 「青くさい」「単に過激な」「現状を無視した」やり方は未熟。そうではなく、深い現状理解と大胆な発想で、あるべき姿と達成までの現実的なステップを描くこと

- 最初は不快に感じることも
- 慣れてくると大変快適
- 自助努力だけでは困難

「深掘り」で真実を探求する

●全て疑い続ける

「メモ書き」をしながら、あるいは仮説思考やゼロベース思考をするうえでさらに重要なのは、聞いたこと、考えたこと、感じたこと全てを深掘りすることだ。仮説を立てたあと、納得するまで「なぜ」を繰り返し、人に聞いたこと、新聞・雑誌・ネットで読んだことを根本から疑い続ける。

「その人を疑う」ということではなく、聞いたことも見たことも全て自分で咀嚼し、必要に応じて調べ、「なるほどね」と思うまで考え続けることだ。その人があることを言ったということは事実であっても、それが本当なのか、本当ではないのか、真実を伝えようとしたのか、しなかったのか、思い込みを伝えただけなのか、事実関係を確認してから伝えたのか、何もわからない。

したがって、常に考え続け、仮説構築・検証・修正を繰り返すしかない。納得するまで「なぜ」と問い続ける。それが「分析力」と「独創性」を徹底的に鍛えてくれる。

たとえば、「アプリのアクティブユーザー数が減っている」と言われたら、「なぜ減っているのか」「どの部分が減っているのか」「いつから減っているのか」「本当に減っているのか」「カウントのしかたは合っているのか」を確認し、さらに「競合も減っているのではないのか」「増えている部分もあるのではないか」「季節変動ではないのか」なども確認していく。

「30～40代の男性ユーザーが減っている」ということがわかったら「どうして30～40代なのか」「30～40代で減ったユーザーの共通項があるのか」「その傾向は20代、40代以降には見られないのか」「いつから顕著に減少しているのか」「逆に増えているセグメントはないのか」などを確認していく。

◉自分の頭で考えない人は危険

人から聞いた話を鵜呑みにし、自分の頭で考えない人は、何をするにも危険だ。あまり物事を考えず、理解も浅いので、話をしても本当かどうかよくわからない。確認しようとしても、

「こうですか？」

「はい、そうです」

「え？　こちらではないのですか？」

「あ、そうかもしれません」

「ではどちらでしょうか？」

「よくわかりません。そういうふうに言われても困ります」

ということでらちが明かない。

人から聞いた話を鵜呑みにする人は、疑問を持たず、相手が話すことだけ聞いて、それでよしとしている。人の話を丁寧に聞くのはもちろんいいことだが、「あれ？」「どうしてそうなんだろう？」とまったく思わず、深掘りをすることもなく終わって

しまう。自分の頭で状況を再構築してみるということも全然しない。したがって、上司にちょっと突っ込まれただけで「わかりません」「聞いてみませんでした」「さあ～」で終わってしまう。

人の話を素直に聞くことと鵜呑みにすることは別物だ。素直に聞くというのは、感情的に反発したり反論したりせずに、まずは相手が話すことをしっかりと全部聞くことだ。ただ、話を聞くだけで仕事が終わることはほとんどないので、聞いたあとで内容を確認し、質問し、問題の本質や解決策について十分な深掘りをして初めて意味のある仕事になる。

●「深掘り」のポイント

深掘りをするうえでのポイントは、丁寧な姿勢は崩さないものの、相手が少しくらい面倒そうでも遠慮せずに聞き続けることだ。遠慮すると何も始まらない。相手が面倒そうにするには、大きく3つ理由がある。

第一の理由は、余計な話をして面倒なことに巻き込まれたくないからだ。ヒアリングを受ける時点で消極的になり、逃げの姿勢でいることが多い。不具合等の原因に関わっていることもあれば、仲間をかばおうとしていることもある。この場合、何としても表面的なヒアリングですませるわけにはいかない。相手の逃げの姿勢にひるむことなく、といって問責の姿勢ではなく、淡々と事実関係を掘り下げていかなければならない。

第二の理由は、仕事が忙しく、オフィスにもほとんどいないことが多いので、こういうことに時間を取られることそのものが面倒くさい、というものだ。これは、こちらも意味なくヒアリングしているわけではないので、なるべく短時間ですませつつも、疑問点は決しておざりにしてはならない。重要な真実が隠れていることが往々にしてあるからだ。

第三の理由は、普段あまり物を考えないたちなので、何度も質問され、答えることそのものが億劫だということによる。これは我慢して付き合っていただくしかない。ただし、こういう人の場合は情報感度が低いので、何を聞いてもあまり新しい事実、発見が出てこないことが多く、私は早めに切り上げることが多い。

ここで、注意すべき点が1つある。相手の話をいっさい遮らずに聞くことは一般的にはよいことだとされているが、じつはそれよりも、途中で「なぜそうなのか」を何度か聞き返すほうが話が盛り上がることが多い。真剣に聞き、真剣に質問すれば、通常はどんどん説明してくれるし、理解が深まっていく。

自分が話す立場になったときのことを想像してもらえればわかるが、一番話しやすいのは、自分の話に相づちを打ってくれて、よくわかったうえでいい質問をしてくれることだ。大変気持ちよく、どんどん話してしまうのが人情だ。

反応があまりなく、質問もなく、黙って聞かれていると、ほとんどの人は理解してくれているのか不安になって、何を話していいかわからなくなり、途中から話し続けることがむずかしくなってくる。だから、真剣に聞き、ちょっとしたことでも疑問が生じたら、丁寧にかつ率直に質問をしてほしい。そして、自分なりに話の全体像を組み立てていくとよい。そうすると、人の話を吟味せず鵜呑みにすることもかなり減っていく。

●好意と尊敬の念を持って質問する

ただ、質問する際に注意すべき点がある。よくわからないから聞くわけだが、相手への好意と尊敬の念を持って質問することだ。

ところが多くの場合、こちらが上から目線になり、「もっとちゃんと説明しろよ。

頭悪いな」「おまえ、じつは何もわかっていないな」「もっとしっかり考えてから説明してくれよ」と思いながら質問してしまうことがある。これは絶対にだめだ。

そういう気持ちが少しでもあったら、相手は即座に察知し、嫌なやつと思い、知っていることも話してくれなくなる。ヒアリングにおいては、相手への価値判断ではなく、純粋に好奇心を持ち、誠意を持って「可愛らしく」質問を繰り返していかなければならない。決して尋問になってはいけない。

この点、じつは私はあまりうまくない。好奇心が強く、この人はすごいと思ったら興奮してどんどん質問していくからだ。こんなに質問してはよくないだろうなと思っても、どんどん突っ込んでしまう。その結果、問題点の本質や構造、解決策まで大変な勢いで見えてきて、やめるにやめられないからだ。

読者の皆さんはぜひにこやかに、丁寧な口調でうまくリードして質問を続けていっていただきたい。でないと、「ちょっとうるさいやつ」になってしまう。仕事のできる人とできない人の大きな違いは、適切なスタイルでどこまで質問できるかという点にも現れる。

●深掘りのイメージ

最後に、「深掘り」のイメージを示しておきたい。

下の図は地面を掘り下げていくと、あるところで岩盤に突き当たるイメージだ。質問や分析をどんどんすると、ある程度のところで、「なるほど、そうなのか」「これでわかった」となる。そこまで質問し、分析し続けると、ほぼその問題の本質が見え、示された最初のポイントがじつは何だったのか、そういうところまで掘り下げることができる。

納得するまで質問する、というのはこのことで、そこまで手をゆるめてはいけない。このとき、相手が少しくらい面倒そうでも、疑問に思

真実の探求…深掘りの重要性

納得するまで「なぜ」を問い続ける
これがほぼ「分析力」と「独創性」の全て

ポイント

- 相手が少しくらい面倒そうでも、疑問に思ったら「なぜ」を続ける
- 簡単そうだが、相当の努力が必要。問題意識と好奇心が極めて強くないと質問が続かない
- 考える訓練として格好の場となる

ったら「なぜ」を続けることが鍵になる。

相手が話したいことであれば、こちらの聞く姿勢と探求心で喜んで話してくれるが、相手がそれほど話したくないことであれば、面倒に思われることは避けられない。問題意識と好奇心が極めて強くないと、こういう形で深掘りをすることは簡単ではないが、ぜひ努力してみていただきたい。

フレームワーク作成トレーニング

●フレームワークは会議や議論で威力を発揮

フレームワークとは、物事を整理するための枠組みで、通常は次頁の図のように2x2、あるいは3x3で整理する。複数のアイデア、問題点を2軸、4つの箱（2x2の場合）で整理することでアイデアや問題点が切り分けられる。優先順位が明確になり、効果的に取り組みやすい。何かを検討しているときにフレームワークをすぐ書けるようになると、もやもやがあっという間に整理できる。

フレームワークが特に威力を発揮するのは、何人かで議論しているときだ。何人かで議論すると、話が拡散しやすい。皆、自分の基準でものを考え主張するが、かなり議論したあとで基準がずれていることがわかり、徒労感が募る。

たとえば、顧客からのクレームに対して、ある人は顧客の不満のひどさと対応の緊急性を考え、A案を主張する。別の人はどういうクレームが多いのか整理し、売上への影響度を考えてB案を主張する。もう一人は費用がかからない方法としてC案を主張する。

多くの場合、皆、自分の案を主張することに精一杯で、なぜその案にいたったか、どういう基準で選定したか、どういうオプションを考えたかを丁寧に説明しない。基準が違えば何を選択すべきかも変わってくるが、基準そのものもそこまで考え抜いていないので、だらだらと議

物事を明確に整理する「フレームワーク」

フレームワークの例

顧客からのクレーム

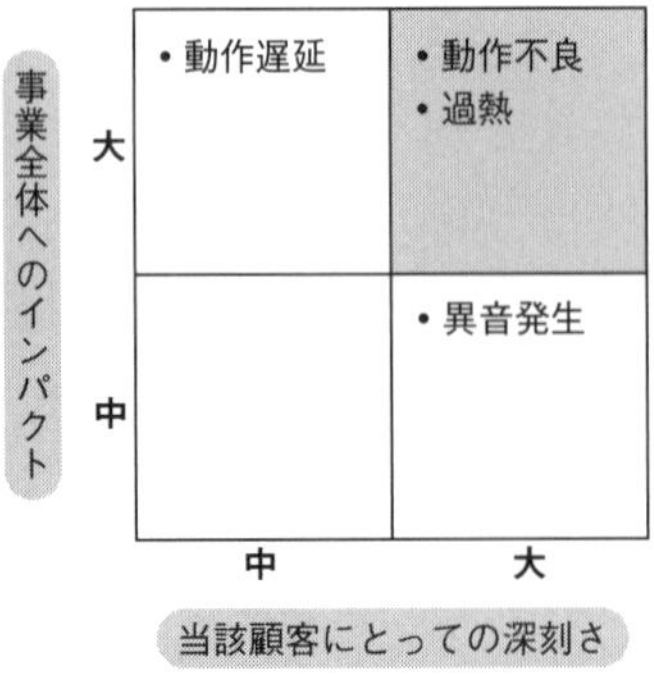

フレームワークとは

- フレームワークとは、物事を整理するための枠組み
- フレームワークの種類は多種多様で、課題に応じて最適の枠組みを考え、整理する
  - 縦・横で整理する
  - 基本要素を押さえる
  - 各要素の相互の関係が見える、等々

論が続き、かなり時間がたったところで判断基準がじつは同じでなかったことに気づく。時間を浪費するだけではなく、一気に疲労が出るので仕事のスピードに深刻な影響を与える。

これに対して、フレームワークをうまく活用すると議論が劇的にスムーズにいくことが多い。

顧客からのクレームの場合であれば、どういうクレームがあるのか、クレームを4つに分類するとしたらどういう2軸で整理すべきなのかをまず議論し、合意する。たとえば、「当該顧客にとっての深刻さ」と「事業全体へのインパクト」の2軸が重要だという合意に達したとすると、右上、左上、右下、左下の箱に何が入るのか議論し記入すると、皆が同じ視点でものを見ることができるようになる。

●フレームワークは練習あるのみ

フレームワークは問題点を切り分け、仕事の優先順位を明確にし、スピードアップするうえで非常に強力であるが、使いこなすことは結構むずかしい。かなりの練習量が必要だ。少なくとも20~30回実地で書いて、使い慣れる必要がある。ところが普通に仕事をしていると、そこまで使う機会がない。機会がないというよりは使わなければ使わないですんでしまうからだ。ただそうすると、いつまでもフレームワークをマスターすることができない。

今以上に成長し、大きく飛躍したい人にとっては、フレームワークは絶対に使えるようにしておくほうがよい。そのためには使い慣れることが必要だ。「好きな食べ物」とか「読みたい本」など、ちょっとしたことをタイトルとして、この2x2フレームワークで整理すると練習しやすい。

「好きな食べ物」であれば、縦軸が「和食とそれ以外」、横軸が「主食とそれ以外」で切り分けて見る。あるいは、縦軸が「麺類、それ以外」、横軸が「調理方法」で切り分けてみる。「読みたい本」であれば、縦軸が「趣味の本、勉強の本」、横軸が「買う本、借りる本」で切り分けて見る。あるいは、縦軸が「日本について、海外について」、横軸が「本、雑誌」で切り分けてみる。

縦軸、横軸の決め方は一種類ではなく、何種類もあり得るので、いくつか書いてみて、一番そのタイトルに合ったものを選ぶのがポイントだ。実際、何種類も書いてみると、どういう軸がしっくりくるのか、どういう軸は整理しづらいのか、そのタイトルにはどういったタイプの軸が効果的な切り口になるのか、だんだん見えてくる。

フレームワークが有効なのは、外部の問題だけではない。タイトルとしては、「彼女にしたいタイプ」「彼氏にしたいタイプ」「どういう婚活をすべきか」などで自分の好みを整理すると、自分のこともよくわかるようになる。自己を再認識するだけでなく、そこからどうアプローチすべきかまで見えてくる。

下図のように、A4用紙を横置きにして2x2のフレームワークを上下に3個ずつ計6個書き、50ページほどコピーする。毎日1ページ、6個ずつフレームワーク作成の練習をすると、数週間でびっくりするほど頭が冴えてくる。タイトルを考えただけで、使える2軸が何種類か浮かぶようになる。

毎日書きためたフレームワークの練習結果は、日付をつけ、捨てずに取っておくと、成長過程

A4用紙でフレームワーク作成練習を（毎日6個）

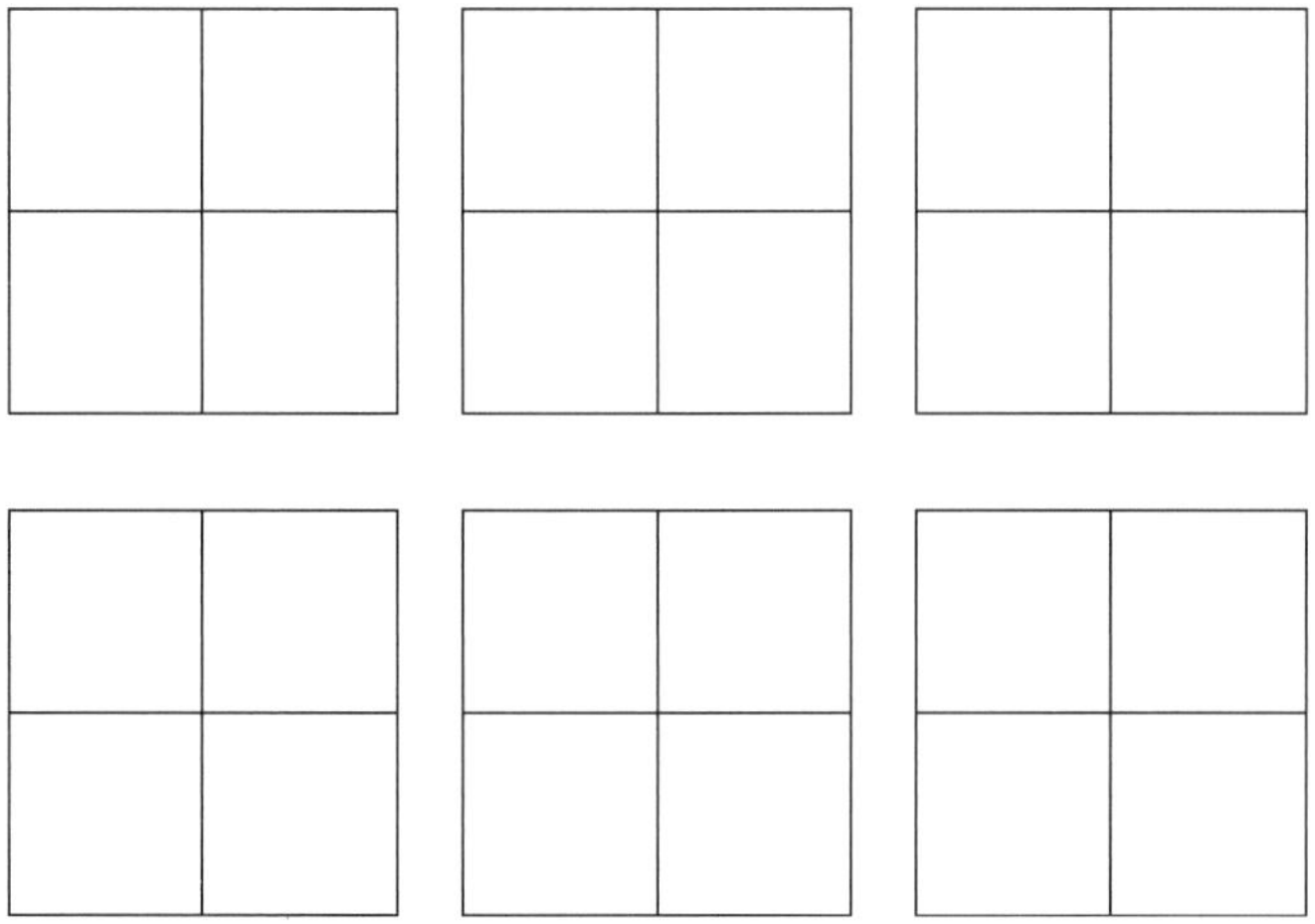

がよくわかって励みになる。どういうタイトルが書きやすいか、どういう軸の選び方が整理しやすいか、どういうタイプのものはすぐ書け、どういうタイプのものは苦労するのか、自分がどう成長してきたのか、一目瞭然だ。フレームワークに習熟すると、会議で紛糾しそうなときにも、物の見事に整理できるようになる。AさんとBさんの主張の同じ点が何で、違う点が何か、すくっと立ってホワイトボードに整理できる。

どうやってそんなスキルを身につけたのですか？　と質問されるようになるので、書きためた過去の練習内容の一部を見せるとメンバーにも大変刺激になる。そういう意味でも取っておくといい。

第4章

スピードと効率を極限まで上げるノウハウ

毎朝・毎晩30分を情報収集に当てる

仕事のスピードアップには、情報収集力の抜本的強化が欠かせない。優れた情報収集力を持っていれば、常に的確な状況判断をして、一番いい手を打ち続けることができる。情報収集を軽視すれば、間違った方向の努力を続けたり、気がついたときには顧客ニーズや業界動向にまったくついていけなくなったりする。

情報収集が大切だと思っても、効果的に実践し、かつそれを仕事に活かしている人は少ない。仕事柄、多くの人に接するなかで感じていることだ。これは大変にもったいないので、私の工夫を詳しく説明し、少しでも参考にしていただけると嬉しい。

日中は人に会ったり、会議があったり、必要な資料を作成したりで時間がない。仕事ができる人ほど忙しい。ネットでゆっくり情報収集をする時間はなかなか取れないし、取れたとしても、情報に集中する心の余裕はなかなかないだろう。それでも仕事のスピードアップを目指し、情報収集力の抜本的強化に取り組みたい人には、毎朝・毎晩、自宅で30分、ネットで記事を読むことをお勧めしている。

●なぜ自宅なのか?

自宅ではあまり邪魔が入らない。「ちょっといいか?」という上司、「すみません。ここがわかりません」という部下、コンタクトしてくる他部署の人間がいない。ノイズがほとんど入らず集中して読めるので、会社で読むのに比べると効率が数倍になる。小さい子供がいたら、寝たあとや起きる前でないと集中できないということもあるが、そういった場合は出勤前のカフェなどが次善の方法として考えられる。

家では仕事をしない、という人もいるが、家のほうが自由度が増すし、生産性が上がることが多い。だから、仕事のスピードアップや成長を志す人は仕事ができる環境を整えるほうがよいと思う。そうしないと、仕事が終わるまでオフィスを出ることができないし、締切に追われて休日出勤になったりするからだ。

仕事が終わるまでオフィスを出られない、ということだと、友達に会うのも制限されるし、勉強会やセミナーに参加するのもむずかしくなる。もちろん、彼氏・彼女・家族との約束もしづらくなる。日本人はあまりにも会社偏重なので、それを是正するためにも、もう少し働き方の自由度を確保するほうがいいだろう。

家で仕事するほうがよほど会社人間だ、と言う方もいると思うが、仕事を今までの数倍のスピードでかつ快適に進め、余裕時間でプライベートを充実させることもできるので、一概には家での仕事を否定できない。

とにかく、この方法については、「やってみないとわからないから、一度やってみたら」と言うことにしている。やらずに、あるいは中途半端なやり方でやってみてうまくいかない、ということで終わらせるにはあまりにもったいないからだ。日々重要なニュースがある。たとえば、アップルやグーグルが運営するアプリマーケットの規約が突然変わり、これまで順調に推移していたアプリの売上が突然落ちてしまうことがある。大手企業が自社と真正面から競合する事業への参入を発表することもある。

また、そういったニュース以外にも、毎日、何百何千の新しい記事が書かれており、仕事上大変参考になるものも多い。それらを読むことで仕事のしかたや経営方針の見直しができたり、アイデアを得られたりすることが頻繁にある。毎日続けることで、夜寝る前の歯磨きのように、情報収集が習慣化できるようになる。

◉なぜ30分限定なのか？

時間を決めないと、気になるニュース、参考になる記事が多すぎ、延々と読み続けてしまうことになる。情報収集は、あくまで成長するため、仕事の方向性を確認するため、アウトプットの質と量を上げるためであり、それ自体が目的ではない。昔は本を買ったり借りたりして大切に読んでいたが、今は情報が溢れかえっている。参考になりそうな情報も洪水のように押し寄せてくる。したがって、毎朝・毎晩、30分だけに制限して、その間、必死になって大事なものから吸収していくという方法を勧めている。時間を決めて対応することで、情報洪水の中で溺れない方法、特に優先順位のつけ方が身につく。そうなれば仕事のスピードはどんどん上がっていく。

毎朝・毎晩自宅で30分、合計1時間は、じつはかなりの投資時間だ。同じ時間で英語を必死に勉強すれば、かなり上達する。考えを深めること・まとめること、書類の完成度を上げること、人脈を広げること、ブログを書くこと、その他の仕事でも、これだけの時間集中すると結構はかどる。それを考えると、いくら読むものがあっても毎朝・毎晩の30分は貴重であり、これ以上時間をかけることができない。

一方で、これ以下に削ると、世の中の動きについていけず、後手後手になる恐れがある。一度そうなると、悪循環が始まりかねない。そのぎりぎりの線が毎朝・毎晩30分だ。これ以下にどうしてもせざるを得ないとしても、各20分が限度だろう。

そういう私は、30分を目指すものの、若干オーバー気味で、後悔することが多い。情報収集はあくまで手段であって、それが目的ではないからだ。手段に時間をかけすぎて、しょっちゅう後悔している。毎朝の30分は、あとで説明するように、Googleアラート、メルマガ、タイムライン等からの記事を全部読む。毎晩の30分は、その日あれっと思ったり、ちょっと気になっていたり、ミーティングでわからなかった言葉をこまめにネットで検索し、次々に読む。これが頭と気持ちの整理に大変役に立つ。疑問点を持ち越さず、どんどん成長していく感じがしてくる。

●重要な記事は印刷する

毎朝・毎晩30分、情報収集する中で、特に重要な記事はブックマークやエバーノートだけではなく、印刷することをお勧めする。印刷し、書き込みをし、テーマに分けて保存すると、全てPC内でやるよりもよほど頭に入りやすい。書類を作成する際も、集めた資料を広げて見ながら行なうと、ブックマークやエバーノート、ファイルなどをPC上で探すのに比べて格段にやりやすい。

ちなみに私自身は、ウェアラブル、デジタルヘルス、IoT（モノのインターネット化）、ビッグデータ等のフォルダをつくって重要記事を保管している。ブログを書いたり、講演資料を作成したりする際は、該当フォルダの中身を全部見て、特に重要な点を資料の右上に書いたり、本文中に赤丸をつけたりして頭を整理し、それから一気に書いていく。

大事な情報収集は、印刷の点から見てもスマートフォンで外出中にするのではなく、極力、毎朝・毎晩の自宅での30分で行なうのがお勧めだ。スマートフォンで有用記事を見ても、すぐ印刷することはできない。

なお、印刷に関しては、自宅に白黒レーザープリンターを用意するとよい。8000円前後から出ており、大変使いやすい。レーザープリンターがよいのは、何より印刷スピードが圧倒的に速いことだ。維持費もかなり安い。

私は2000年以降、ブラザーの最安値レーザープリンターを何代か使っているが、紙詰まり等が皆無で極めて使いやすい。もちろん、他のメーカーでも使いやすければまったく問題ない。

通勤時間は英語か読書を

「情報収集は毎朝・毎晩自宅で30分」と言うと、通勤時間はどうするのかと思われるだろう。通勤時間には、スマートフォンで一般のニュースをざっと見るのもよいかもしれないが、それ以上に、集中的に英語の勉強をしたり、電子書籍を読んだりするほうがよいと考えている。満員電車の中では、そのほうがはるかに生産性が高いからだ。記事を読んでコメントをつけてチームに共有したり、次々に関連記事を読んで作成中の書類に反映したりするのは、満員電車の中ではやりにくい。スマートフォンでブラインドタッチなみに文章を書くことは到底できない。

英語の上達は、仕事の種類や自分の成長目標にもよるが、多くの人にとって欠かせないはずだ。そもそも、英語ができないと働ける職種も会社も限定される。ネットワークも日本人以外に広がっていかないし、海外のカンファレンスで各国の人と自由にコミュニケーションすることができない。FacebookやLinkedInで世界中の何億人ともつながっているのに、それを活用することができない。海外企業との事業提携のチャンスがあっても、指をくわえて見ているしかない。

東京オリンピックやクールジャパンの動きで日本に深い関心を持ち、来日する外国人も増える一方だ。日本に大きな期待をしている、インドネシア、バングラデシュなどの東南アジアの国々、サウジアラビア、トルコ、アゼルバイジャンなどの中近東の国々など、爆発的に事業機会が広がっている国も多い。そうしたチャンスを活かせないとなると、仕事のスピードをどう上げるか以前の問題だ。

英語力をつけるには、毎日30〜60分真剣にリスニングをすることが必要で、それには通勤時間が最適だ。英語については仕事で成長したい人には非常に重要と考えているので、151頁でも別途解説する。

また、英語力と同様に重要だと考えているものに読書がある。日本が先進国としてある程度活躍できたのは、読書が普及していたことが背景にあるはずだ。ところが、インターネットが普及し、スマートフォンでのコミュニケーションが朝起きてから夜寝るまで続くようになった現在は、本を読む量が格段に減少した。私自身、以前は毎月10～15冊読んでいたが大幅に減っている。

それでも中学・高校以来、試算すると数千冊は読んでいる。これはもともと本が好きだということと、マッキンゼーにいた14年間は、膨大な数の本を読んで業界知識や世の中の動きを理解する必要があったからだ。しかしそういう仕事でなかったとしても、千冊以上読んだ人は相当いる。

ところがいま20代の人に聞くと、全部で百冊以上読んだというのは多いほうで、教科書以外読んだことがないという人までいる。本をたくさん読んで感動したり、人の経験をたどって学んだりしないと、多様な価値観への理解、人間の悲しみや喜び、痛みへの共感が乏しくなるのではないだろうか。これも仕事のスピードアップ以前の問題だ。

だから、せめて通勤時間くらいは電子書籍で本を読んでみてほしい。もちろん満員電車でなければ文庫本くらいは読めるだろうし、もし椅子に座れるならＰＣで情報収集したり書類作成したりすることも可能だ。そのへんは適宜応用していただきたい。

ノートPC、大型ディスプレイの活用法

●極力1台のノートPCをオフィス・外出先・自宅で使う

これは情報収集だけでなく、資料作成やメールでのやり取りでも言えることだが、スピードアップのためには、オフィス・外出先・自宅で同じPCを使うと圧倒的に有利だ。PCが変わると、キーボードの配置や操作が違ってくるので、ブラインドタッチの習熟度が上がらない。一々キーボードを見なければうまく入力・操作ができない。デスクトップでのアイコンの配置や、キーボードの違いをあまり気にしない人もいるようだが、私は非常に重視している。入力のスピードが明らかに違ってくるからだ。

たとえば、ａからｚまでだけではなく、スペースバーの横の無変換キーや、左上のＦ２キー（Windows の場合）など、少し離れたキーもブラインドタッチできるようになる。単語登録を多数して画期的なスピードアップを図ることも大切だが（218頁参照）、同じＰＣでなければそれができず、致命的だ。

私はマッキンゼーに入社以来、幸い、常に１台のノートＰＣをオフィス・外出先・自宅で使えている（ＰＣ自体は何度も買い換えているが）。もともとクライアント先で仕事をしたり、海外に出張したりが日常茶飯事なので、これ以外考えられない。

会社によっては、ＰＣの持ち出しが禁止されていたり、持ち出し許可が必要らしいが、最新技術であれば１台のＰＣを持ち出しても情報漏洩の心配なく、生産性を犠牲にすることなく業務を続けることができる（たとえば、Eugrid のソリューションhttp://www.eugrid.co.jp/）。

どうしてもだめな場合でも、外出用のＰＣを自宅で使えるようにすべきだと思う。オフィス、外出用、自宅用のＰＣが全部別、というのはストレスが大きく、生産性が上がらず非常にまずい。

◉自宅では大型ディスプレイに接続して使う

ただし、PCをノートブック1台に統一するとしても、スピードアップを目指すなら、自宅では大型ディスプレイに接続して使う方法がお勧めだ。作業中の画面の切り替えや移動が劇的に減るし、全体を見渡せるので、明らかに生産性が上がる。

ディスプレイは、私が愛用している20インチで1万円前後、24インチでも1万5000円くらいからある。何年使っても壊れない。生産性が高く、疲れず、本当に安い。メーカーには申し訳ないくらいだ。

会社によってはオフィスで大型ディスプレイを提供しないところもあるが、これについては私なら強く交渉して用意してもらう。だめなら、私物として無理にも持ち込む。オフィスがフリーアドレスになっているところもあるが、社長・上長・あるいは総務に強く交渉して、各デスクに大型ディスプレイを設置してもらう。そのくらいこだわっているし、意味があると思う。

大型ディスプレイがいいのは、ページ全体を見渡しやすいため、複数の記事を参照しつつ考えることができる。ブログの過去記事などにも目がいきやすい。ノートPC

のように、限られたスペースで各画面を動かして確認する手間もなくなる。

大型ディスプレイを使うのは、散らかっていない広い机で仕事をするようなもので、確実にスピードアップできる。整理整頓された、スペースに余裕のある台所で料理するようなもので、いらいらすることなく、素早く作業できる。情報収集していて、これはという記事をメールで友人やチームに知らせたり、それに触発されたメール、資料を作成して送ったりすることも、小さな画面で操作するより疲れずに速くできる。

●スマートフォン、タブレットは自宅では限定的に

「スマートフォン、タブレットを使い出してからは自宅でもPCを使わなくなった、開かなくなった」という人がときどきいるが、以上のような理由で、私はあまりお勧めしない。リビングでくつろぎながらスマートフォンやタブレットで情報検索するのは、たまにはよくても、日常的には確実にハンディキャップになる。テレビを見ながら少し調べる程度ならいいが、少なくとも毎朝毎晩の30分は、自分の机に向かい、PC＋大型スクリーンで最速で情報収集するほうが、よほど広く深くできる。

自宅が狭くて机を置けないという方もいるだろう。子供部屋が優先だったりする。

しかし、どんなに小さくてもいいので、どこかに小さな机を置き、そのスペースだけは仕事部屋的に使えるようにするほうがよい。私なら、最低でも食卓テーブル上に食事以外のときに大型ディスプレイを置いて仕事をする。この点は妥協してはいけない。スマートフォン、タブレットでは仕事にならない。

これについては家族の同意とサポートが必要なことは言うまでもない。年齢・収入にもよるが、成長したいなら、余裕ができ次第、個室の仕事部屋・書斎を用意することは必須と考える。

キュレーションツール、Googleアラート、メルマガ

情報収集をするには、気になる言葉で検索するだけではなく、キュレーションツール等を駆使して体系的に進めることが望ましい。そのほうが素早くかつ、重要な情報を漏らさず収集できる。

●キュレーションツールは欠点も理解する

精度が比較的よいキュレーションツールが増えてきた。自分が関心ある記事を毎朝メールマガジン形式で配信してくれるので、大変便利だ。送られてきた記事の中でどの記事を読んだかによって、より自分の関心に近い記事が選ばれるようになるので、

使いやすくなっていく。いくつか出ているが、はっきり言って大差ないのでPC向けの自分の好みにあったキュレーションツールを選べばよい。

問題は、キュレーション機能がやや画一的だったり単純だったりするため、自分の好みに近い記事が選ばれてありがたい一方、〝セレンディピティ〟と言われる、もともとは関心外であったのに偶然出会って非常によい発見となる、ということが起きにくくなっていることだ。想定内の記事ばかりで関心の範囲が広がっていかない、ということが起こりがちだ。だから、他の方法との併用がどうしても必要になる。

● Googleアラートは日本語・英語の両方で

Googleアラートは、関心のある言葉、関係のある会社・サービス、競合企業・サービスなどを登録しておくことで、その言葉を含む記事を毎朝配信してくれる。キーワード登録が大変簡単で、毎朝確実に配信してくれるので重宝している。新規のプロジェクトが始まったり、職場が変わったり、新しい分野に関心を持ち始めたときはすぐ登録する。関心のある言葉を20〜30個登録するところから始めるとよい。

キーワードの登録時にプレファレンス設定ができる。私のお勧めは、デフォルトでは件数が「上位の結果のみ」になっているので、これを「すべての結果」に変えることだ。これにより、配信される記事数が数倍に増える。

注意点としては、海外の動向も知る必要がある場合は日本語・英語の両方でGoogleアラートを設定することだ。たとえば「ウェアラブル」について知りたいのであれば、〝ウェアラブル〟と〝Wearable〟の両方を設定する。〝ウェアラブル〟(日本語の検索キーワード)に対しては言語を「日本語」とすることで日本語の記事が配信され、〝Wearable〟(英語の検索キーワード)に対しては言語を「英語」にして英語記事が配信される。

日本語記事が膨大にあるので英語記事など読まなくても、と思われる方が多いと思うが、決してそんなことはない。日本語記事は英語の一部の記事の焼き直しで、重複しているものが多い。たとえばグーグルの自動運転車についての記事が日本語で多数見つかるが、そのほとんどが同一あるいは少数の英語記事からの引用だ。検索でのヒット件数は多くても、ほとんど重複している。本格的に情報収集しようと思ったら、Googleアラートで「Autonomous car」「Google robot car」などを登録し、配信される多数の英語記事を読み、知見を深める必要がある。

そうやって初めて、仕事で使える本物の情報収集ができる。日本語だけですませようとすると限度があり、情報戦の出発点ですでに負けている。Googleアラートは英語の最新ニュースをうまく見つけてきてくれることが多いので、大変ありがたい。

Appleや Googleなど大手プラットフォームの方針変更や新たな情報、関連企業・競合企業の情報などは常に最新のものに触れ、全体をよく把握したうえで意思決定をしていきたい。

◉メルマガを10個程度は登録する

メルマガも有用で、情報収集に欠かせない。例としては、ダイヤモンド・オンラインメールマガジン、週刊BPnetメール、ITproメール、日経テクノロジーオンライン通信などがある。

情報収集をしていると、関心のある分野の記事が多数載っているブログやニュースサイト等に出会う。そういったブログやニュースサイトには、多くの場合、メルマガ配信向けの記入欄があるので申し込む。通常はメールアドレスを入力するだけなので、数秒でできる。情報提供をビジネスとしている会社の場合は、名前、興味の範囲などの入力を要求される場合があってわずらわしいが、最初の1回だけなので我慢する。

多すぎても読むのが大変だが、10個程度はメルマガを登録するのがよいと思う。もし、これまであまりメルマガを読んだことがないという場合でも、意識すれば関心のある分野の記事を読んでいるうちに多数目にすることになる。

登録すると、毎朝あるいは週次などでメルマガが送られてくるので、これはという記事を端から読んでいく。漏らさず、かつ遅れずに情報を得られるので大変ありがたい。「読まれた記事週間ベストテン」なども、読みそこねたものを見つけるために役立つ。また、関連分野の最新記事のタイトルとURLが掲載されているものも多いので、1回につき3~5の記事を読むきっかけになっている。

上記で説明したものは全て無料メルマガだが、有料メルマガもあり、だいたい月800円前後になる。私は特に内容が豊富で、無料メルマガやネット検索等で読めず、かつ仕事に直結しているものに厳選して2つだけ購読している。誰にでもお勧めするわけではないが、貴重な情報源となっている。

最も効率的な情報収集法⑤

Facebookと Twitterのタイムラインを活用

●Facebookを「友達とのネットワーク」とは思わない

Facebookは国内ユーザーが数千万人になり、コミュニティインフラとして確立している。好き嫌いはあるだろうが、情報収集の点でもFacebookを使わないとかなり不利になった。

この方向は当分止まらないので、Facebookの利用をまだ躊躇している方も、登録と活用をお勧めしたい。10代のユーザー離れやLINEの急成長等、Facebookにネガティブなニュースも見られるが、情報収集手段として十分使いでがあり、使わないともったいない（本来のコミュニケーション手段としても元よりだが）。もっと言うと、使わないと相手にされないというか、相手によってはFacebookも使えないのかと線を引かれてしまう場合も出てくる。

情報収集にどう役立つかというと、多くの人がFacebookに有用記事を投稿するので、タイムリーに皆が注目している記事を知ることができるようになったからだ。いわば人力キュレーションツールだ。Facebookを使いこなしている人たちの情報感度は比較的高いし、ある意味自分に若干近いところもあるので、Facebook友達が自分の目となり耳となってくれる、という感覚に近い。彼らが見つけて投稿したりシェアしたりする記事は役に立つ。

Facebookでは、自分も積極的に記事を投稿したり、シェア（タイムラインに流れてきた他の人の投稿を自分が改めて投稿し、タイムラインに流すこと）したりすることで存在感を高め、情報が集まってくる可能性を上げることを心がける。

1つ大事な点として、Facebookを「友達とのネットワーク」とは思わないほうがよい。もともとはそういう趣旨であったが、少なくとも日本では、もっとビジネスよりの使い方がされている。ビジネス上の知り合い、若干親しみを覚える程度の友人がかなり緩い形でつながっているコミュニティだ。mixiがだんだんと廃れ、LinkedIn

が日本語対応しないうちに、Facebookの立ち位置がそういった形になってしまった。

最近は、セミナーや勉強会に参加すると、終わった直後に名刺交換をした人、懇親会で少し打ち解けた程度の人からも、Facebookの友達申請が来る。「え、まだ友達じゃないのに？　さっき一言二言話したばかりなのに？」と思うものの、相手のほうは親しみを感じている場合があるし、上記のようにビジネス上の緩い関係をうまくつなぐ格好のインフラなので、あまり目くじらを立てずに使いこなせばよい。

もちろん、女性は男性よりも若干注意しながら使う必要がある。ある程度相手の身元を確認しながらのほうがよい。Facebookが実名制だからと言って、むやみに安心してはいけない。

また、メールよりはFacebookメッセージのやり取りですませる人も増えてきた。最近はLINEが急成長しているが、ビジネス上はまだまだFacebookが主流だ。Facebookでつながり、日々のちょっとした会話、やりとりはLINEで、という流れもある。

Facebookの活用方法で一点補足すると、こういった形でFacebookを活用するには、「Facebook友達」が少なくとも100名、できれば数百名以上いることが前提となる。有用記事を投稿してくれる「Facebook友達」がある程度以上いないと、キュレーションツールとしては機能しないからだ。この場合、有用記事は彼ら自身の投稿もあれば、彼らがシェアした「Facebook 友達」からの記事もある。そうすれば、Facebook 友達が一人平均200名とすると200名の二乗で4万名がよいと考えた記事が続々と流れてくることになる（もちろん、Facebook の方針でこの全てが表示されるわけでは決してないが）。

勉強会、交流会、セミナー等に積極的に参加すれば、Facebook 友達は自然に増えていくので、1年で100～200名程度になる。したがって、キュレーションツールとして実用上使えるレベルになる。

では、Facebook をいつ見るのか。コミュニケーションアプリとして機能しているので、日中も何度かチェックし、メッセージのやり取りを素早くすることが望ましいが、その度にタイムラインを見ていては仕事に差し支える。情報収集の点では、毎朝・毎晩30分の中でタイムラインを高速でたどって見て、有用記事を探す程度にするほうがよい。そうしないと流れてくる記事を読むのに時間ばかり使い、本末転倒だ。

● Twitter はプロファイル検索でキュレーター役を探す

Twitter も Facebook と同様に普及しており、コミュニケーションのインフラとして定着している。10〜20代では、メールの代わりに Twitter でのやり取りですませる人も多い。他の人が見ることなど気にしていない（ただし最近は LINE が大きく浸食している）。

Twitter もキュレーションツールとして有効で、フォローしている人から流れてくるツイート、タイムラインには多くの有用記事がある。そのためには、自分が関心を持つ分野で熱心にツイートしている人や、関心あるキーワードを Twitter プロファイルに書いている人を検索（Twitter プロファイル検索 http://twpro.jp/）してフォローして、自分にとってのキュレーター役を獲得する。

ちなみに、Twitter をキュレーションツールとして機能させるには、やはり100名程度はフォローしておく必要がある。Facebook と同じく、自分も積極的に有用記事を発信したり、RT（リツイート：他の人のツイートを自分が改めてフォロワーに向けて発信すること）することで存在感を高め、情報が集まってくる可能性も高める。

これも、情報収集の点では、毎朝・毎晩30分の中でタイムラインをさっとたどって有用記事を探す程度にするほうがよい。日中 Twitter のタイムラインを見る習慣がついてしまうと、仕事に集中できなくなる。

最も効率的な情報収集法⑥

記事は全て話半分で読み、必要に応じて裏取りを

記事を読む際は、本当にそうなのか、という疑いを常に持つ必要がある。記事の内容が意図せず間違っていること、表現が不正確なことはよくある。書く人が不注意あるいは理解力が不足しているケースだ。

しかしそれだけでなく、書く人に悪意があって意図的に真実を曲げたりしている場合も頻繁にある。特にSEO（検索エンジン最適化）関連、株価・投資関係、環境・エネルギー関係、中国・韓国関係、差別関係等の情報には注意が必要で、かなりのものが何らかの形でねじ曲げられていたり、意図的に自分に有利なように誘導しようとしている。

自分に有利なように誘導しようという気持ちは、誰しもゼロではない。しかし私に

は、誰が見ても不自然な形、浅はかな形で他人を誘導しようとか、誘導できると思うその気持ちがどうしても理解できない。理解はできないが、悪意で情報をねじ曲げたり、一方的に中傷したりすることができる人が少なからずいるのは確かなので、情報収集の際は常に注意すべきだし、あらゆる記事は話半分で読むことが必要になる。

ネットだけではない。日本人は新聞、雑誌等、活字になると鵜呑みにすることが多いが、これも大変に危険だ。日本人ほど新聞等のメディアを信じる国民は世界的にも珍しい。しかし、国内の新聞を4~5紙見比べてみるとわかるように、一面の記事、見出しの大きさ、記事の内容など、大きな差がある。さらに海外の新聞、雑誌、ウェブ等と比べると、大きなギャップがあることが普通だ。

情報に対して、全て裏取りをすることはあまり現実的ではない。ただし、重要な意思決定に影響する場合は、情報の原典に遡ってチェックしたり、リンク先をたどって確認したりすることはどうしても必要になる。

また、それでも全てをチェックすることはできないので、アクションを起こす場合は、ソーシャルメディア上の評判、コメント、信用できる人の反応などには常に注意をしておくことが必要だ。

検索の表示件数を100にして、別ウィンドウも活用

ネットのブラウザは、Google の Chrome が検索スピードが一番早くストレスがないのでお勧めだ。ブラウザを使いやすくするプラグインの種類も豊富で進化のスピードも早い。

さらに生産性を上げるには、表示件数を100にする。Chrome で検索すると、右上に歯車が出てくるので、これをクリックし「検索設定」をクリックする。「ページあたりの表示件数」がデフォルトでは10なので、これを100にする。なお、2014年12月現在の Chrome のバージョンでは、「Google インスタント検索の予測」の設定で、「インスタント検索の結果は表示しない。」という項目を選択しないと、表示件数の変更はできないので注意が必要だ。私自身はインスタント検索がそれほど便利

だと思わないのと、１００件表示のメリットの大きさから、この選択をしている。

10件のままだと、検索してもよい記事に出会わないことが多い。さらっと見て、「あんまり面白くないな」「役に立たないな」で終わってしまう。ページ下に「次へ」があるが、これをクリックして次のページまでわざわざ行くのは面倒なので、ついやらずじまいになってしまう。

ところが表示件数が１００だと、クリックなしでよい記事に多数出会えるので、見逃すことが減り、興味がさらにかき立てられる。

ちなみに、こうやってよいブログ記事に出会ったとき、私はその著者の過去記事をできるだけ全部読むようにしている。よい記事を書く著者は、不思議なほど常によい記事を書く（文章や分析力には再現性があるからだ）。宝物に出会ったようで、すごく得をした気分になる。

Chrome の設定の「ページあたりの表示件数」

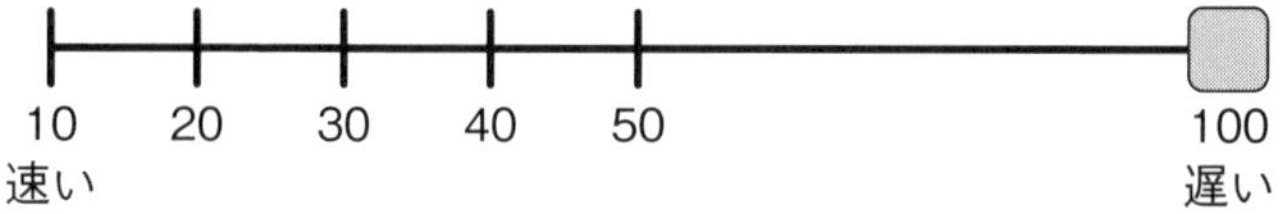

もう1つのお勧めは、同じく検索設定で、「結果ウィンドウ」の「選択された各結果を新しいブラウザ ウィンドウで開く。」にチェックを入れ、保存することだ。

こうすれば、クリックした際に別のウィンドウが開くので、読み終えたあとCtrl+W（Windowsの場合）で閉じても他の検索結果を続けて見に行くことができる。ちょっとしたことだが、そうしないと、うっかり閉じたときにもう一度ブラウザを立ち上げて検索ワードを改めて入力して検索し直さないといけないので、普通の人は続きを見るのをやめてしまう。これを防ぐための工夫だ。

Chromeの設定の「結果ウィンドウ」

☑選択された各結果を新しいブラウザ ウィンドウで開く。

海外のカンファレンス動画を見る

ビッグデータ、無人運転車、ＩｏＴ（モノのインターネット化）、ウェアラブル、セキュリティなど、今後ますます重要になる先端的な分野で米国等のトップ企業と戦う立場にある人は、日本語だけでは到底最新の情報をカバーできず、英語の情報を読みこなすしかない。

こういった分野では、海外（特に米国、次に欧州）で多数開催されるカンファレンスで何が議論されているか、どういう方向に動こうとしているか、これをどうしても知っておく必要がある。

最近は基調講演、各セッション等全て動画で閲覧できることが多いので、それを情報収集の一環として見る。具体的には、SXSW（サウス・バイ・サウスウエスト）、

①毎年３月にアメリカテキサス州オースティン市で行なわれる大規模イベント。Twitter がブレイクしたことでも有名。http://sxsw.com/

② IT 系のベンチャーや Web に関するニュースを配信するメディア「TechCrunch」が主催するカンファレンス。年に２回、サンフランシスコとニューヨークで開催される。http://techcrunch.com/

③世界の投資家や起業家が集まり、環境問題と経済成長を両立させるための意見交換や知識の共有を行なうカンファレンス。http://www.cleantech.com/

TechCrunch DISRUPT（テッククランチ・ディスラプト）、Cleantech forum（クリーンテック・フォーラム）などだ。

現地でイベントそのものに参加することがもちろん望ましいが、いつも参加できるわけではない。そういう意味では、各セッション動画で保存されているのは大変にありがたい。

これは当然、英語力を前提としたものだ。グローバルな競争が一層激しい昨今、動画を理解できるリスニング力、英語記事をある程度の速さで読めるリーディング力をつけておくことが仕事のスピードアップ上不可欠になりつつある。他のスピードアップを図っても、ここで大きく遅れを取ると、スピードうんぬん言う以前の問題になる。

勉強会・セミナー、その後の懇親会に参加する

勉強会やセミナーには、月1〜2回程度は参加するとよい。そうすると、いろいろな意味で刺激になり、情報収集のアンテナができる。

勉強会やセミナーの多くには、懇親会がある。懇親会があれば必ず参加する。その場で名刺交換をし、おもだった方にはその日帰ってすぐお礼・挨拶メールを出す（簡単な自己紹介と共通の関心事へのコメント）。一人目には15分くらいかかるが、二人目以降は90％以上コピペで可能なので1通2分くらいで十分書ける。私は勉強会やセミナーに参加した場合、帰宅後に一気にメールを出してしまう。

まとめてやったほうが明らかに生産性は高いし、その場でやってしまわないと溜まる一方になる。

懇親会で会ってもっと話をしたいと感じ、相手も関心を持ってくれた場合は、ミーティングか夕食にお誘いする。本当は、ミーティングではなく夕食のほうがよい。少なくとも2時間から2時間半は話ができて、一気に親しくなれるからだ。

夕食で2時間を切るのはかなりむずかしい。一方、どんなに気が合っても、2時間半以上には極力ならないようにしている。たとえば、19時半からであれば22時にはお開きにする。そうしないと帰ってからまったく仕事ができなくなってしまうからだ。

お酒を飲んでしまうので、どちらにしても仕事ができない、という人が結構いると思うが、それは飲み方次第ではないか。15年ぶりの同窓会などであればしかたないが、普段の会食では、家に帰ってからの仕事や勉強の時間を確保したい。

勉強会やセミナーへの参加に関して、自分自身の動機付けとして、どういう機会で誰にお会いし、輪がどう広がっていったかを記録している。そうすると自分がどれだけ頑張って人脈を広げようとしてきたかが一目瞭然で、励みになる。またどういう勉強会・セミナーは優れた人材が多いかがはっきりと見えてくる。

ちなみに、優れた人材は優れた人材を紹介してくれることが多い。やはり見る目がある、ということなのだろう。そこまでではない方が熱心に人を紹介してくれることもあるが、残念ながらあまり期待できない。同じようなことを思われないよう、日々自分の力をつけ、やるべきことをやっていきたい。そういう姿勢が優れた人材を惹きつけるという面も大いにある。

ちなみに、勉強会・セミナーへの参加状況を確認しつつ将来の予定を押さえておくために、「勉強会・セミナーフォルダ」をつくっている。参加したもの、参加予定のもののメール・URL等をその日付をつけて保管することで、直前になってスケジュールなどを確認するのも楽にできる。

展示会にはこまめに行く

関心分野の動向、最新状況を把握するため、展示会にもこまめに行くとよい。目安としては、月1回程度行くと恐らくその分野で誰にも負けないレベルになる。感度が上がり、知識が増え、ネットワークが加速度的に広がっていく。心の余裕もでき、成長意欲も強くなるので、今すぐの業務に直結しなくても、上司や同僚に頼られるようになる。もちろん仕事の幅も急速に広がっていく。

東京の場合は、千葉の幕張メッセ、東京ビッグサイト、有楽町の国際フォーラムなどで年中何らかの展示会が開催されている。展示会に参加することで、現物に触れ、関心分野に関して一気に状況を把握することができる。見るだけではなく、興味を引かれた展示物に関して説明員に思う存分質問できる、ということも重要だ。説明員はこちらが申し訳ないと思うほど丁寧に説明してくれる。一般人の訳のわからない質問にもわかりやすく説明してくれる。しかも、技術系の展示会の多くの場合、開発した本人が熱心に説明してくれるのだ。

そのうえ、競合品も近くに全部展示されているので、わかりやすい。「あれとどう違うんですか?」という失礼な質問も気にせずできる。説明者は「待ってました!」とばかりに喜んであれこれ説明してくれる。こういう場合、競合各社で同じ質問をすると違いがはっきりわかる。

展示会に行ったら展示物の写真を撮り、パンフレットをできる限りもらってくる。ただ、パンフレット集めに気を取られて説明員に話を聞くことがおろそかになるともったいないので、それだけは注意する。

テーマによっては、サンフランシスコ、シンガポール、ロンドン等でも重要な展示会が多数あり、行くだけで自信がつくので、旅行を兼ねて自費でも参加することをぜひお勧めする。

最も効率的な情報収集法⑪

最も有益な相談相手の選び方

毎朝・毎晩30分ネットで情報収集するだけでは足りないものがある。それは生身の人間からの情報だ。知見と洞察力のある方からのインプットと刺激は、何ものにも代えがたい。自分と同じ年齢、5年上、10年上、5年下でそれぞれ最低2人、何でも相談できる相手を見つけておくと、情報収集力、現場感、判断力が大いに強化され、視点も格段に広がる。

私自身は、次のようにして相談相手を見つけた。各年代でそれぞれこれはという人を6、7人ずつピックアップする。同じ会社だけではなく、外部の方、なるべく違う立場の方も含める。普段から結構やり取りがあってお互いある程度好感を持っている状況で、「一度食事しながらお話させてください」とお願いすれば、よほどのことがない限り4、5人は受けてくれる。すぐには無理でも数か月以内には実現する（ほとんどの人から断られたり返事がもらえなかったりした場合は、自分の生き方、人への接し方、仕事のしかたを振り返る必要がある）。

私自身で言えば、マッキンゼーに入社したころ、大胆不敵にも日本支社のトップだった大前研一さんに一対一での会食をお願いした。周囲からは怖いもの知らずと言われたが、3、4か月後に実現したことが貴重な原体験になっている。大変忙しいのに新入社員の私に時間を取ってくれた。大前さんに大変感謝したことは言うまでもない。

4、5人と個別に食事の機会ができれば、2、3人とは話が弾み、意気投合できる。相手が5年、10年先輩でも、こちらが熱心であれば、心配しなくてもそれなりに楽しく感じてくれる。ネットからの情報収集や、この本に書いてあるような活動をしていれば、こちらからも十分貢献できる。

そうやって見つけた相手には、半年に一度、最低でも1年に一度、食事か何らかのミーティングをして最新状況をご説明しておく。助言に基づいて取り組んだ結果、こういう変化、成果があった、ということをお伝えすれば喜んでくれる。

それ以外に、数か月に一度はメールで相談する。私は何か知りたいことがある場合、ほぼ同文で何人にも依頼することがある。もちろん失礼にならないように、ある程度はご挨拶や近況報告を書くが、本文はほぼ同じになる。たとえば、「電子書籍はどういうスピードで伸びていくと思いますか？」だったり、「HTML5はいつごろネイティブに代わって本格的に普及すると思いますか？」だったりする。

「何でも相談できる相手」には、2つの条件がある。こちらとのやり取りを相手がある程度歓迎してくれること、メールでの返信が早いことだ。こちらからの相談をなぜ歓迎してくれるかと言えば、こちらが真剣に何かを考えていたり、勉強しようとしていることが伝わり、応援しようという気持ちになるからだ。

もともと食事に誘った段階で、ある程度よい関係にある。食事をしながら盛り上がったということは、相手もこういうやり取りを喜んだことになる。そのうえでときどき近況報告をしたりしながら真剣なメールを送れば、十中八九、真剣に答えてくれる。人は相談されることが嬉しいからだ。もちろんこちらが真剣でなく、アイデアのただ盗りを意図していれば、すぐ見抜かれる。そもそもこういう関係が成立しない。

メールでの返信が早いことは、言わずもがなだが、相談したいときは本当にすぐ答えをもらいたいし、不安感が募っているときだからだ。返事がもらえるのが1、2週間してからだったり、そもそも返ってこなかったりだと相談にならない。

最も効率的な情報収集法⑫

進んで講演・発表をすることで情報が集まる

勉強会・セミナーに参加し、講演や発表の機会があればできるだけ引き受けるほうがよいが、もっと進んで、自分が専門領域として究めたいテーマ、あるいは今後勉強していきたい分野での講演・発表を、カンファレンスやワークショップで行なえるよう、意識的にねらって行動していくとよい。

もちろん簡単ではなく、ステップを踏む必要がある。まずはその分野でブログを立ち上げ、記事を20～30程度は書くことが出発点になる。週1、2回として3か月～半年前後。そのくらいの回数、ブログ記事を書けば、素人でもそれなりに詳しくなる。Facebookページか Facebookグループを立ち上げて、ブログを書くたびにそこと Twitterに流すようにすると、その分野では結構注目される。

そうすれば、勉強会、セミナー、シンポジウム等で講演を依頼されることが徐々に増えていく。一度登壇の機会を得たらこちらのものだ。それまでのブログ記事に加えて、相手の期待を大きく上回る準備をする。そうすると、こちらの勉強にもなるし、何より講演を聞いた人から名刺交換を求められたり、別の講演を依頼されたりすることが増えていく。

ブログを書いていると本の執筆を頼まれることも出てくる。そうするとその本を読んだ人からコンタクトを受けて人脈が広がったり、新たな情報源を獲得したりすることができる。

ウェアラブル、IoT、デジタルヘルス、教育×IT、ロボット、AI、電気自動車、コネクテッドカー、自動運転車、ビッグデータ、3Dプリンター、太陽電池などの代替エネルギー、バイオ、iPS細胞、創薬、クラウドファンディング、クラウドソーシングといった急成長分野であればこういったアプローチが十分可能だ。

あるいはインドネシア、タイ、ミャンマー等、東南アジアでの事業機会、ドバイ、アゼルバイジャン等中近東での事業機会、ファッション、DIY、訪日旅行者向けのサービス等も、今後注目されやすい。

自分にはとてもとても、と思われた方には、ぜひ関心のある分野でブログ記事を1

00個ほど読んでいただきたい。そうすると、分野によるが3~5人くらいは内容が豊富で多岐にわたっており、素晴らしいと思える書き手が見つかるはずだ。彼らがどのようにブログを書いているか、どういうふうにテーマを掘り下げているか、どういう情報源を使っているか、それを参考にすれば、好きな分野でどうやって記事を書けばいいかがだんだん見えてくる。

最も効率的な情報収集法⑬

半年で目処がつく超効率的英語勉強法

情報収集をするには英語力が本当に重要な時代になった。米国を牽引者として世界の変化の速度が一段と速くなり、かつ国・文化を超えた連携が進んでいるため、英語や国際化は関係がないと思っていた企業でもうかうかしていられない。グローバルに戦うべき企業は言うまでもない。

「日本人は英語ができない」とか、「通訳を使えば何とかなる」と言っていた時代はとっくに過ぎた。欧米でもアジアでも、カンファレンス、イベントは全て英語で行なわれており、世界のどの国からの参加者もまったく問題なく英語でやり取りしている。英語力がどうのこうのなど、誰も言っていない。母国語は別でも、当然のように英語で発言し、プレゼンし、質問する。昼間の会議も夜のレセプションパーティーも賑やかだ。朝は朝でカンファレンス会場のあちこちで、２人あるいは３人で朝食を取りながら英語で商談を繰り広げている。

日本人は常に遅れを取っている。遅れを取っているというレベルではなく、完全に仲間はずれになっていると言ってもいい。誰も積極的に仲間はずれにしているわけではないのだが、輪に入れないので結果的に仲間にはなれない。世界中どこのカンファレンス、イベントへ行っても、日本人は心細そうに固まっている。食事も日本人だけで行く人たちが大半だ。会場で質問をすることはまずない。これを根本的に変えないと、情報収集のスタート地点に立てない。

技術が発展すれば今よりはるかに優れた自動翻訳機ができるので、英語力がなくても大丈夫、という気休めを言う人がよくいる。もちろん、性能はどんどん上がっていくが、到底、人と人とのふれあいの中での効果的なコミュニケーションができるわけではない。インドネシア、ベトナム、韓国、中国、ロシア等から来た人たちが皆何の問題もなく英語で自然にコミュニケーションしているのに、日本人だけが自動翻訳機を使ってやり取りするわけにはいかない。

では、どうやって英語力を本気で強化するか。「聞く力」「読む力」「話す力」「書く力」の４つに分け、それぞれを半年程度で強化する方法を説明したい。

私自身のことで言えば、中学1年の1学期に初めて英語を習ったとき、成績が非常に悪かった。それを見かねて、7歳上の姉がノートの真ん中に線を引いて単語帳をつくることを教えてくれた。また薄く字の大きいペーパーバックを読むことを勧めてくれて、2学期以降、何とか持ち直した経験がある。それ以降は一番得意な科目になり、東大受験にも留学にも、またマッキンゼーでも役立った。

●聞く力

聞く力を強化するには、会話量が圧倒的に多いテレビドラマのDVDを繰り返し観るのがよい。法廷ドラマと恋愛ドラマが1つになっていて、会話量が多い『アリーmy Love』が一番お勧めだ。主人公が非常に早口で英語のリズムもいいので耳が慣れるし、ビジネス英語と日常生活の英語を一度に学ぶことができる。

DVDは全部そろえる必要はまったくない。しかも新品である必要もない。1巻だけヤフオクで買い、何度も聞くのがよい。聞き方は、一度目は日本語字幕で、二度目は英語字幕で、三度目は字幕なしで耳で追う。内容を理解しているので、意外に英語がすっと耳に入ってくると思う。「あれ？　何だか英語が少しわかるような気がするぞ！」という感じを持つことが大切だ。

英語が大の苦手という人は、二度目の英語字幕を何度も繰り返して見てほしい。これればかりは、一定量のシャワーを浴びないと前に進めないので、耳で聞きながら、英語字幕を追っていく。英語が少しわかるようになってきたら、DVDに加えて、ポッドキャストでオバマ大統領の演説とか、YouTubeで関心のある分野のカンファレンス講演録などを聞く。少し探せば30〜60分の長尺のものがあるので、それを何度も繰り返して真剣に聞く。

我慢しながら聞いていてもなかなか聞く力はつかない。自分の好きな分野、勉強したい分野、関心を持っている分野にしぼって聞く時間をできるだけつくる。情報収集と英語力強化を同時にやれば時間を有効利用している満足感も得られる。

話す力にも関係するが、少し耳がついてくるようになったら、聞きながら同時にその英語を口に出して話すと非常に効果的だ。〝シャドウイング〟と呼ばれている練習法だ。英語一語一語を丁寧に聞く習慣がつき、聞き取り力が格段にアップする。

●読む力

読む力を強化するには、何よりも多読が必要だ。英字新聞や雑誌を読むのがいいと言われてきたが、記事が短かったり、トピックがばらばらだったり、また高価だったりして、私は長続きしなかった。お勧めは、ある程度ストーリーに夢中になれるペーパーバックを頑張って10冊くらい読むことだ。読み終わるころには別次元の力がついている。

小説が好きなら小説を、ノンフィクションが好きならノンフィクションを探して読む。写真の多い本は、英語に集中して読めないのであまりよくないだろう。読書がそこまで好きでないならば、自分の関心分野でグーグルアラートを使い、英文記事を毎日5、6本読むようにすると、だんだんと英語がそれほど苦ではなくなってくる。

◉話す力

話す力を強化するには、海外出張や外人上司とのやり取りの際に話したい、話そうと思う短文を数百個準備し、何度も読み上げておくことが一番の近道だと考える。

たとえば、

◎それはいい考えだと思います。
→I think that is a great idea. I like it.
◎少し懸念があります。
→I have some reservations about this point.
◎私の意見を述べさせてください。
→Let me share my opinion regarding this point.

こういった感じで、挨拶のしかた、ミーティング時の賛成のしかた・反対意見の伝え方、仕事の依頼のしかた、外出時の案内のしかた、食事中の発言のしかた、困ったときの依頼のしかた、苦情の伝え方など20くらいのジャンルに分けて10〜20個の文章を日本語で書き、ネイティブの友人・知り合いに依頼して英語の一番簡単な文章を書いてもらう。丁寧さや苦情の度合いで何種類か書き分けておくと、より気持ちにフィットしやすくなる。

リストをつくったら数十回大きな声で読み上げておくと、実際の場面で何とか言えるようになる。実際の会話でネイティブの人が使う表現を耳にしたら、リストに加えておく。こういうやり方で、自分にとって必要な短文リストがだいたい完成していく。

私はマッキンゼーに入社直後、スイスでのトレーニングプログラムに参加したが、まったく発言できなかった。スタンフォード大学に留学していたが、工学修士課程の場合、そこまで英語力は必要とされないからだ。講師の説明や参加者の発言、質問等はおおよそわかるものの、自分が質問したり、積極的に発言することができなかった。なぜだろうと考えた結果、その場で自然な英語が出てこないからだということに気づき、上記のようなリストをつくってテンプレート化し、ともかく発言するようにしてからスムーズになった。

ちなみに、私が韓国で経営改革プロジェクトを推進した際もまったく同じ方法を取って韓国語を学ぶことができた。丁寧さによって表現がかなり異なるので、それにも留意した。たとえば、同じ感謝の意を表すにも「ありがとう」「ありがとうございます」「本当にありがとうございます」などだ。このリストづくりは、日本生まれで大学から韓国に来られていた秘書の方に書いていただいたので、スムーズにできた。

●書く力

この場合の「書く力」とは、

◎メールやFacebook、LinkedIn等のメッセージを、英語である程度自由に書けてやり取りできること
◎英語のプレゼン資料をつくれること

の2つに絞ればよい。その次は英語のブログ・論文を自由に書くといったレベルになるかもしれないが、これが第一歩だ。

書く力を強化するには、ネイティブから来たメールの文章で使えそうなものを状況別に数百整理しておく方法が一番てっとり早い。状況別に整理しておき、つぎはぎだらけでも何とか文章に仕上げていく感じだ。

外資系であれば英語のエディター等がいるだろうし、そうでなくてもネイティブの友人にお願いして添削してもらう。数十回添削してもらうと一応意味の通じる英語が書けるようになる。

英語のプレゼン資料も同様だ。入手できた英語のプレゼン資料から、使えそうな表現を整理しておく。チャートのフォーマット、全体の構成などもできるだけ取りそろえておく。そういうところから始めても何となくそれっぽいものになる。これもやはり添削してもらう。

自分が書いたメール、メッセージ、プレゼン資料等で曲がりなりにも意味が通じ始めると俄然やる気が出るので、どんどん上達していく。非常にアバウトだが、英語はそのくらいのいい加減な気持ちで、ただし遠慮なく使い続けることが上達の早道だ。

以上になるが、英語力をつけるのに大事なことは一定量を集中して勉強することで、ハングリー精神の弱い日本人は一人だとどうしても挫折しやすい。気のあった仲間と競争して勉強する環境をつくるとよいだろう。ブログやFacebookグループを活用すれば、何人かの仲間をつくり、情報交換をしながら競争して勉強することが容易にできるようになった。

英語が大切だと頭ではわかっていても一向に上達しない日本人、ハングリー精神の弱い日本人の気持ちを徹底的に研究し、最も効果的に英語を勉強できるようになる英語学習システムを開発し、ワークショップを開催している。ぜひ一度試してみてほしい（ファンラーニング株式会社 http://www.funlearning.co.jp/）。

「メモ書き」を活用して最善最速で仕上げる

書類・資料を作成する際、つくり始めるまであれこれ悩んだり、準備や情報収集に過剰に時間をかけたり、何度もつくり直してしまったり、やらなければと思っていても後回しにしたり、何かと時間をかけることが多いのではないだろうか。速い人なら1時間弱でつくれる書類・資料でも、遅い人は3〜4時間かかっても中途半端なものしかできない。

書類・資料作成に時間をかけ過ぎるのは大変もったいないので、誰でも大幅にスピードアップできるステップを紹介しよう。

①書こうと思うことを、メモ30〜50ページくらいにともかく書き出す

きれいに書こうとするから遅くなってしまう。あれこれと余計なことを考え、悩み、書類・資料作成が進まない。ほとんどの人はこういう罠にはまる。

それに対して、体裁をいっさい気にせず、66頁でお勧めした「メモ書き」とほぼ同じ形式で、思いついた内容をタイトルに、それに対して4〜6行、各20〜30字程度を1ページ1分でどんどん書いていく。フォーマットや順序、体裁を気にしないとこんなに書けるのか、と思うほど気楽に筆が進むことに驚くかもしれない。

これはパワーポイントにする前のたたき台の、さらに前段階の下書きなので、体裁を気にしてもしかたないのだ。そう思うと人の頭は不思議によく動くので、ぜひやってみてほしい。所要時間は1ページ1分として、30〜50分だ。

メモ書きの並べ方

②書いたメモを机に広げ、関係あるものを近づけて並べ替える

メモを30～50ページ書き出したら、それを大きめの机に並べていく。最も一般的なパターンは、問題点、課題について書いたメモを左側のほうに並べ、解決方針を真ん中に、それに対する具体的施策に関しては右側に並べていく（前頁図参照）。

この段階で目次はまだないが、大ざっぱに並べていくことで、自分がどこまで考えているのか、どのへんはもう少し深掘りしないといけないかが自然に見えてくる。

そのなかで、疑問点や、「こうしたらもっといいな」というところが続々と浮かんでくる。ここでもフォーマット、体裁はいっさい気にしない。所要時間は10～15分程度だ。時間をかけてもきりがないので、ここも最速でやってみよう。

③並べたメモを見ながら目次をつくり、改めてメモを整理して書く

ここで初めて、作成する書類・資料の全体構成が浮かび上がってくる。目次を書くコツは、部署の書類・資料の目次を数十種類コピーし、最初は近いものをほぼ真似すればよい。素朴なやり方だが、かなり気が楽になる。

私はマッキンゼーに入った際、書類・資料作成が得意ではなかったので、関連資料の目次やこれはという分析の図を多数コピーして、パターンに早く慣れるようにした。

真似をして書いていくうちに、自然に、自分ならこう直したいというのが出てくる。そうすれば、もちろん納得いくように修正すればよい。目次を決めたら、それに合わせて各章の内容をメモ書きで書いていく。すでに数十ページが目の前にあり、だいたいの構成もできているので、確定した目次に合わせて書き直していく感じだ。ページによっては4～6行ではなく、グラフやインタビューコメントなど、わかる範囲で書いていくとさらに今後の作業がはかどる。

④全部書き出してから、ワード、パワーポイント等に入れ込む

ここでようやくパワーポイント（あるいはキーノート）に落とし込んでいく。すでに二度書き直しているし、全体構成も考える必要がないので、ひたすら入力していく感じだ。やってみるとわかるが、非常に気持ちいい。やればやるだけ仕事が進むし、頭がよくなった感じがする。そうなると、好循環が起き、自信が湧き、全てがさらにスピードアップしていく。

最初は目次、各ページのタイトル、一部のページは本文まで記入する。全部を入力し終わったら、改めて全体を見直して、伝えるべきメッセージが明確に伝わるか、漏れがないかを確認する。全体を埋めたあとに何度も見直すと、次々にアイデアが湧いてくる。全体像が見えているので、高速で進めることができるのだ。

⑤最後に熟成させる

いったん完成させると、改善のアイデアが湧いてくる。立て続けに全体に手を入れていくが、そのつど、目次に戻り、各章の主要部分に戻って全体のバランスが取れているかを確認する。

そこまでいったのち、次はしばらく放置する。私は「熟成させる」と呼んでいる。だいたいの部分は完成しているので、気持ちに余裕ができる。改めて何人かの意見を聞いて、より客観的な立場から全体を見ることができるようになる。

締切に対して余裕を少し残して完成させると、すごく気が楽になる。あせらずに全体像を眺めることができる。別の視点からも見られるようになる。そうすれば、残り時間を見ながら小さな改造をし、結構な大改造もやってみようという気になる。万が一うまくいかなくても、すでに一応及第点になっているので、あまり心配いらない。気持ちの余裕があるなかでやると、全体像も見えているし、時間のかかる作業の大半が終わっているので、大改造でもかなりのスピードでできてしまう。

一度できあがったものを冷静になって相手の視点で見直しているので、アウトプットの質はここで一気に上がっていくことになる。時間をあまりかけず、しかも非常に楽しい気持ちで。

◉ポイントはいかに早く「全体像」を把握するか

以上をまとめると、メモを活用して、体裁を気にせずさっと全体像をつくり、PDCAを早く回して仕上げていく方法なら、通常の数倍のスピードで書類・資料作成ができるということだ。

全体が一度できると、人間の頭は俄然よく動くようになる。あれも足したい、これはもっと前のほうに持っていきたいというアイデアが無数に湧いてくる。集中して作業を進めることができるようになる。私は書類・資料作成を相当に多くやっているほうだと思うが、それでも、この集中して進められるときとそうでないときのスピードは残念ながら5~10倍違う。どうやってそのハイスピードに持ち込むかが重要で、それは明らかに全体像が見えたかどうかによる。

全体像が見えないと、遅いだけではなく、ストレスになってアイデアもあまり湧いてこない。したがって、どんどんよくしていく、というPDCAが回りにくい。まず余計なことを考えずにつくってしまう、という姿勢を基本にしてほしい。

●パワーポイントに関する注意点

パワーポイントは、仕事をするうえでもそれ以外でも必須なので、この機会に慣れてほしい。パワーポイントへの苦手意識があると仕事のスピードはなかなか上がらないし、チーム・関係者とのコミュニケーションにも支障をきたす。

私は最初、パワーポイントがあまり好きではなかったが、必要なコマンドをリストアップし、自分でマニュアルをつくってからは少なくとも苦手意識は減った。パワーポイントでつくられた資料に触れる機会は非常に多いと思うので、これはというものは全部「パワーポイント例」フォルダをつくって保管しておけば、ずいぶん気が楽になる。

また、パワーポイントでどうしても知っておくべきコマンドがいくつかあるので、詳しい人に一度、1時間くらい教えてもらえば格段にスキルアップする。ありがたいことに、パワーポイントのようなツールはその習熟に特別な熱意を燃やす人が結構いるので、そういう人を見つけてお願いすれば喜んで教えてくれる。

1つだけ、それほど知られていないが極めて有用なコマンドがある。それは、「行を上あるいは下に移動」するもので、「Shift+Alt+上あるいは下向きの矢印」だ。行を移動する際、ほとんどの人はその行をカットアンドペーストで所定の場所に移すが、単にカーソルを行に合わせてすぐ動かすことができ、文章の編集が大変楽になる。これだけは覚えておいてほしい（なおこのコマンドはWordでも使える）。

全体像を上司に確認しつつ進める

書類・資料の作成に時間がかかるのは、本人の問題も大きいが、上司が何を求めているのかはっきり言わない、言えないことも原因だ。さらに、できない部下が数年たつとできない上司になってしまうから組織文化にもなってしまう。

前項で「全体像がポイント」と書いたが、上司の指示で仕事を進める際に、全体像をあまり確認できずに進めざるを得ないことがよくある。上司の指示が曖昧ではっきりしない。指示の内容が曖昧だったり矛盾したりしていても、聞き返すと不機嫌になる。不機嫌にならないまでも、辻褄の合わないところを確認しようとすると、そのたびに言うことが微妙に変わっている。

何度か聞き返しても、指示が明確になることはないし、面倒くさがられていると感じるので、確認せずに「まずは動くしかないか」と思うようになってはいないか。こういう状況で進めても、当然うまくいかない。上司は明確に指示が出せなくても、部下の仕事に対して善し悪しを言う立場にある。部下よりは格段に情報を持っていることが普通なので、新たな観点からケチをつけることも容易にできてしまう。「上司は明確なゴールイメージを持って、的確な指示を出さなければならない」とそもそも思っていないので、部下を宙ぶらりんの状況においても平気なのだ。逆にそのほうが部下の自主性が尊重され、育つと勘違いしている上司も少なくない。

なぜこういう馬鹿げたことが起きるのか。日本の多くの企業はまだまだ年功序列が色濃く残っており、自分より何年か先輩の中でややまともな人が上司になることが多い。ただ、残念ながら部下をどう育て、どういう指示を出してより大きな成果を出させるか、体系的な教育はほとんどない。一流企業、大企業と言われる会社でもそうだ。管理職研修は当然やっているが、部下育成の詳細に踏み込んだ実践的トレーニングはまずない。

これでは、せっかく書類や資料を作成しても、結局やり直しさせられてしまう。スピードアップを目指すためには絶対に避けないといけない。

となると、指示を受ける側の部下の賢い対応としては、「ご指示に対してこういう全体像で進めますが、よろしいでしょうか」と初めに確認し、途中で何度も確認しながら仕上げていくしかない。

自分が考えたアウトプットのイメージをできるだけ具体的に書いて、上司とすり合わせしておく。次項で説明する、本来は上司が部下に実践するアウトプットイメージ作成アプローチを逆に行なうやり方だ。

たとえば30ページ程度の企画書を作成する場合、表紙、目次を書き、実際にページ番号もふって、各ページに何を書くのかメッセージとチャートイメージ（折れ線グラフや円グラフ、インタビューコメント等）をざっと書く。できるだけメッセージを明確に書いて、パワーポイントに落としてから説明する。160頁で紹介したやり方で進めれば、ほんの数日で形は整えられるので時間を無駄にすることはない。

これを上司に見せ、イメージのズレがないかを確認する。締切までに4、5回以上進捗報告をし、上司の期待とのズレや上司の期待自体のブレが起きていないかを確認する。途中での報告、進捗確認を嫌う上司もたまにいるが、そこは状況を見計らって報告し、すり合わせをするしか防御策はない。

アウトプットイメージ作成アプローチ

あなたが上司で、部下に書類・資料作成を指示するとき、非常に生産性の高い方法がある。最初にアウトプットイメージ（業務完了時にどういうイメージになるかを示したもの）をできる限り詳細に書き示すことだ。慣れれば30分程度でアウトプットイメージを書いて部下とすり合わせをし、部下に作業を担当してもらうことができる。そうすると仕事がブレなく最速で進む。アウトプットの質も上がる。

◉上司と部下の差を理解する

部下は、上司が何を求めているかよくわからないことが多い。こちらは伝えたつもりでも、経験も理解力も違うので、伝えた内容が正確に伝わりづらい。部下の持つ情報量は上司と比べて数分の一以下であることも普通だ。口頭だとどんなに時間をかけても、説明した時点で理解に差が生まれることになる。その意味で、「こういう資料をつくってほしい。わかった？」「はい、わかりました」というのが一番まずい。

口頭だと、最初の理解にギャップがあるだけではなく、言ったほうも言われたほうも、時間がたつにつれ記憶が曖昧になる。自分に都合のいいことしか覚えていない。「絶対こう言った」「こう聞いた」と信じ込んでいても、途中でずれていってしまうことがよく起きる。結果として、上司は有効なサポートができず、期待した成果を実現できないばかりか、部下にとって過度のストレス、オーバーワークを生じさせる。

●具体的なステップ

「アウトプットイメージ作成アプローチ」は、こうした上司と部下の情報量の差、力の差、上司の指示の曖昧さなどに対して劇的な効果がある。

もともとは、私がマッキンゼー時代に韓国で一人で7〜10のプロジェクトを同時並行的に担当した際に、やむにやまれずクライアントのチームメンバーに対して実行したものだ。「コロンブスの卵」的に発見し、確立した。成長途上の担当者を育てつつ、過度のプレッシャーを与えず、かつアウトプットの質は妥協しない。ユニークではあるが、これまでに多種多様な状況で実施し、どんなシーンでも大変有効であることが実証されている。

そのポイントをまとめると次のようになる。

◎部下に仕事を指示する際、最初に完了時のアウトプットイメージを極力詳細に書いて示す

◎業務が企画書、報告書等の資料作成の場合は、全体の目次、ページ

アウトプットイメージ作成アプローチ

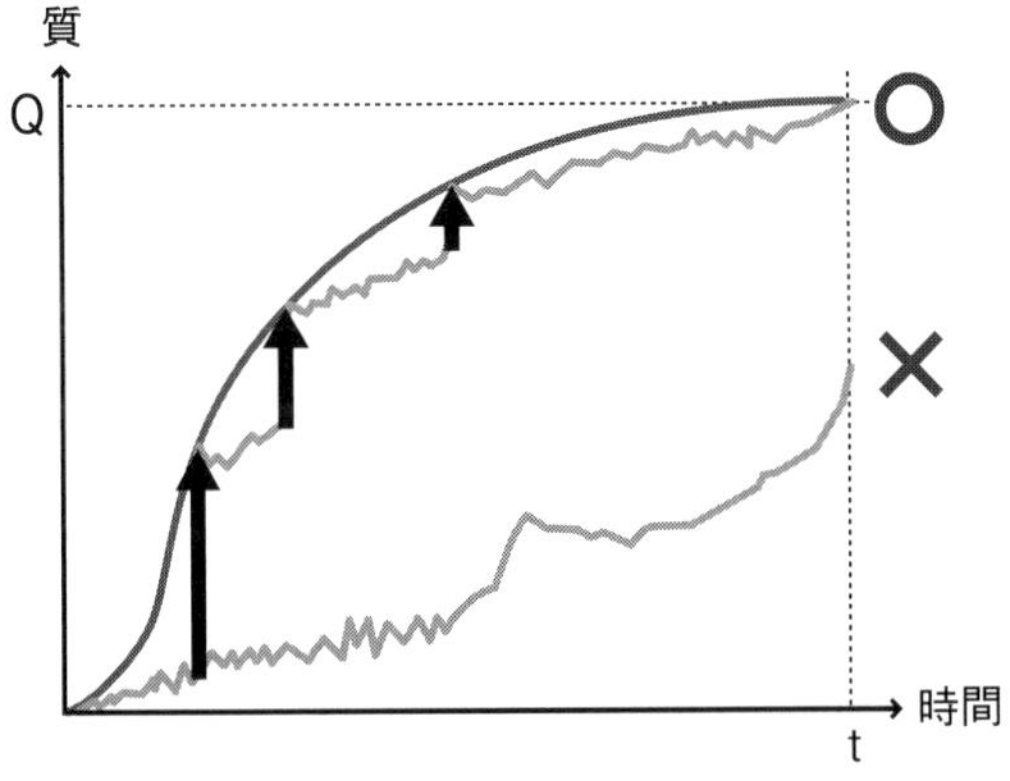

上司が口頭で曖昧な指示をして部下が誤解したり、そもそも部下が不慣れだったりすると、書類・資料作成は確実に失敗する（×）。「アウトプットイメージ作成アプローチ」のもとで進捗確認を行なえば、質もスピードも格段にアップする（○）。

数、ページ配分を決め、各ページにタイトルを書き、ページ番号をふる

◎慣れてくれば、部下の目前でこのアウトプットイメージを作成して、合意し、仕事に取り組み始めてもらう

◎最終ゴールを最初に明示し、到達するまでの期間中に極めて頻繁な進捗確認ミーティング（2週間であれば、7〜10回程度）をすることにより、過度なストレス・プレッシャーもなくスピーディーにゴールに到達することができる

◎進捗確認ミーティングのつど、作成中の資料の全体を部下にコピーしてもらい、新しく仕上がったページについて説明を受けると、上司としては進捗やこれまでの経緯を確認しやすい

◎進捗確認ミーティング時に不足した部分を上司が補う（前頁図の矢印の部分）

◎頻度が多ければ、一回の進捗確認ミーティングの時間は10〜15分でも十分で、ほとんど手間がかからない。しかもアウトプットは急激に改善される

●なぜアウトプットイメージ作成アプローチが効果的なのか

通常の仕事のやり方、業務指示の方法だと、かなりのすれ違い、言った言わないが

生じてやり直しが多くなるが、上記のステップを踏むことにより、上司・部下のすれ違いをほぼ防ぐことができる。3日の仕事でも2週間の仕事でも、アウトプットイメージを最初に作成してすり合わせているので、齟齬がない。

部下に何をしてほしいのか、具体的に言えない上司が非常に多いが、30分程度でアウトプットイメージを書くことは最初のうちかなり大変で、それを準備するなかで新たな発見が多くあり、上司自身が大いに成長する。

「上司が助けると本人の成長のためにならないのでは……」というのも上司が全部取り上げてやってしまうわけではないので、余計な心配である。できる部下に対しては、フィードバックの量・頻度が自然に減っていくものだ。

水にまず投げ込み、おぼれそうになりながら泳ぎを覚えさせるのは、非常に古いやり方だ。そのような文化を持つ組織はノウハウの蓄積が進まず、大きな成果を出せないだけでなく、何より有能な人材がすり減らされていく。流出も続く。

●デザイン、プログラミング業務にも有効

上記の説明は書類・資料作成に関してであるが、デザイン、プログラミングの場合

もそれに準じていただければいい。要は、上司が業務の内容について的確な指示をせず、あうんの呼吸を期待して仕事をさせている、という状況が起きがちなところでは、どこでも有効だと思う。

難易度の高い緊急プロジェクト的な場合でも、アウトプットイメージへの合意は必要だ。方向が見えるまでは一緒に走り見本を見せるほうが、時間のロスがなく大きな成果を出せる。過度なプレッシャーもなくなり、部門として重要な業務を失敗するリスクも減る。

書類・資料作成の時間を最小化する④

ブラインドタッチとショートカットキー

●ブラインドタッチから逃げない

キーボードを見ずにどのくらい速く入力することができるだろうか。いわゆる正確な「ブラインドタッチ」ができるかどうかで、仕事のスピードは決定的に変わってくる。ブラインドタッチが不自由なくできる人は見ていると3分の1かそれ以下のようで、不思議なくらい多くの人ができないまま放置している。このレベルによって仕事のスピードも気分も大いに影響される。この際、何としてもマスターするという決意で臨んでいただきたい。あと何年か待ったら音声入力ができるようになるから、という言い訳でブラインドタッチの練習をさぼっている人がいた。音声入力の性能は確かに日に日によくなっているが、漢字変換や単語登録などを考えると当分の間、ブラインドタッチのほうがはるかに速く正確だ。そもそも話し言葉と書き言葉は違うので、書き言葉のように話すことは想像以上にむずかしい。少なくとも私は全然自信がない。

練習と言っても特別な方法があるわけではない。意識しさえすれば、メールをしょっちゅう書いていたり、ブログを書いていたりすると自然に覚えることができる。ピアノやギターとはわけが違い、ブラインドタッチはほとんど誰でも、数週間かからずできるようになる。ブラインドタッチにしなければだめなのだろうか、と躊躇している間は上達しないので、割り切ったほうがよい。

注意点としては、会社と自宅で違うPCを使うと、キーの配列が微妙に違ったりタッチが違ったりするので習熟しづらい。117頁で説明したように、できる限り同じPCを使う必要がある。

●ショートカットキーを多用する

ショートカットキーの多用もスピードアップには不可欠だが、使いこなしていない人が多いので、驚く。たとえば次のショートカットが自然と行なえているだろうか（Windowsの場合）。

◎【行を上下する】 Shift ＋ Alt ＋ 上あるいは下の矢印
◎【ウィンドウを閉じる】 Ctrl ＋ W（Ctrlを押したまま、Wを押す）
◎【コマンドを1動作戻す】 Ctrl ＋ Z（デフォルトで20回くらい可能）
◎【戻したコマンドを逆に戻す】 Ctrl ＋ Y
◎【ファイル名を修正する】 ファイルを選択してF2
◎【メールを未読に戻す】 M（Thunderbirdの場合）

「行の上下」はパワーポイントでもワードでも頻繁に使う。これを知っているのといないのでは、文章の作成・編集の手間が大きく違う。一番使用頻度が多いくらいのコマンドだが、ベンチャー、大企業を問わずほとんどの人が知らない。

ブラウザを立ち上げて情報収集したあと、ウィンドウを閉じるために右上の×マーク（閉じるボタン）をクリックして閉じる人がかなり多いので驚く。これはCtrl＋Wで一発だ。カーソルを右上に持っていく時間がどのくらいかかるか見ていると、1秒でできる人はよいほうで、下手をすると2秒以上かかる人がいる。Ctrl＋Wであれば コンマ数秒ですむものに数秒かけても気にならない、という人の仕事には、他にも多くの改善余地があるはずだ。

ＰＣを操作する際、つい間違って操作することがある。削除すべきでないものを削除してしまったり、移動すべきでないものを移動してしまったり。そういった場合はCtrl＋Zが非常に便利だ。これで1動作ずつ戻すことができるので、頻繁に使う。そうやって動作を戻した際、戻しすぎることもある。そのときにはCtrl＋Yで逆に戻すことができる。

ファイル名は日付を入れるなど、いろいろ修正することがあるが、Ｆ2ですぐ修正できるので、これも重宝している。これを、右クリックして「名前の変更」でやっている人がこれまた多いのであきれている。だいたい、そういう人の操作は非常に遅いので、右クリックに2秒、「名前の変更」を選ぶのにまた2秒かかる。要は、こういう人はＰＣの操作の全てがものすごく遅く、当然ながら書類・資料作成の時間も気が遠くなるほど長い。

また、当たり前すぎて書くのもはばかられるが、

◎【コピーする】 Ctrl+C
◎【コピーして削除する】 Ctrl+X
◎【貼り付ける】 Ctrl+V

なども言うまでもなく重要だ。これを右クリックして実施している人を見るとこの人はスピードを意識していないのだろうなあ、と思う。

「頻繁に繰り返す煩雑な動作を簡単にする」ということでショートカットキーが用意されている。その大原則に立ち返り、自分が必要とするコマンドを自ら探して生産性を上げる。本気で取り組むかどうかだ。コンピュータの操作に何分の一秒でも余計な時間をかけたくない、かけるべきではない、という価値観を持つかどうかだ。

「そういう小さいことはどうでもいい。自分は内容にこだわるんだ」と思っている人は、こういった努力の積み重ねでどれほどスピードアップできるか、その結果、PDCAを早く回せて内容をどれほど改善できるか、ということにいつか気づいていただけると嬉しい。

再利用可能なファイルは、専用フォルダに保存する

仕事では資料、メールを多数作成し、やり取りをすることが必須になる。その際、そういった資料、メールをそのたびにゼロから用意すると時間がいくらあっても足りない。私はデスクトップ上に「再利用フォルダ」を置いて、部分的にでも再利用する可能性のあるファイルやメールを全部保存している。

保存の方法は、パワーポイント、ワード、エクセルなどを使って資料を作成したあと、「日付＋資料名」をファイル名とする。たとえば、２０１５年4月1日に新事業構想について作成した場合は、「15-04-01 新事業構想」というファイル名をつけ、案件ごとのフォルダに入れ、かつコピーを「再利用フォルダ」に保存する。

数週間あるいは数か月後に、近い内容で資料を作成する必要がある場合、「再利用

フォルダ」から該当するファイルを見つけ、新しい日付で保存して、必要な修正を加える。そのファイルは、また該当する案件ごとのフォルダに入れ、コピーを「再利用フォルダ」に保存しておく。

こういう形で、私の「再利用フォルダ」には数百以上のファイルが保存されている。再利用されるたびに微修正が加えられ、より完成度が高くなっていったり、あるいは2、3種類の派生ファイルができたりしている。

メールに関してもまったく同様で、「日付＋件名」で保存している。メールに関しては、「文例」フォルダをつくってそこから探すようにしている。

ファイル名の例

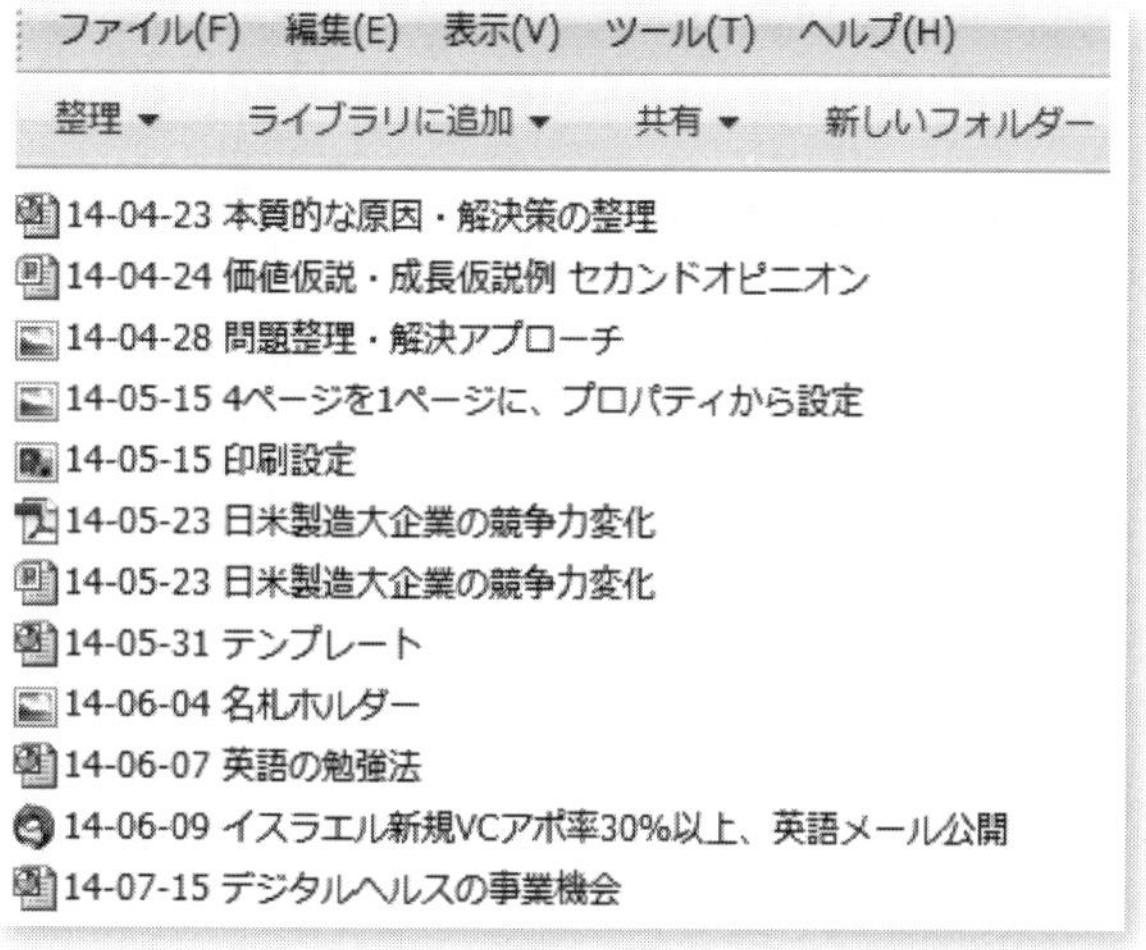

ファイル(F) 編集(E) 表示(V) ツール(T) ヘルプ(H)
整理 ▼   ライブラリに追加 ▼   共有 ▼   新しいフォルダー
🔲 14-04-23 本質的な原因・解決策の整理
🔲 14-04-24 価値仮説・成長仮説例 セカンドオピニオン
🔲 14-04-28 問題整理・解決アプローチ
🔲 14-05-15 4ページを1ページに、プロパティから設定
🔲 14-05-15 印刷設定
🔲 14-05-23 日米製造大企業の競争力変化
🔲 14-05-23 日米製造大企業の競争力変化
🔲 14-05-31 テンプレート
🔲 14-06-04 名札ホルダー
🔲 14-06-07 英語の勉強法
🔲 14-06-09 イスラエル新規VCアポ率30%以上、英語メール公開
🔲 14-07-15 デジタルヘルスの事業機会

ファイルは頻繁に保存し、PCダウンにも備える

仕事をスピードアップするうえで致命傷になるのは、時間をかけて作成したファイルを手違いで消してしまうことだ。気をつけていないと、ここぞというときにやってしまう。また、プレゼンの直前まで作成して仕上げにかかったところ、よりによって、直前にパワーポイントがフリーズし、最後に加えた数ページがなくなってしまう、ということもなぜか起きがちだ。

本来、何分かに一度、自動保存される設定になっているはずだが、そういうときに限って何らかの理由でその自動保存された最新版を勘違いで消してしまったりする。慌ててどこを探しても見つからず、目の前が真っ暗になってしまった経験をした人は少なくないはずだ。神様は、こちらがうっかりしたり、慌てたり、注意散漫になった

りすると、必ずそれを咎めるいたずらをされるようだ。

Windowsの場合、Windows7になってから突然のフリーズはまず起こらなくなって本当にありがたいが、それでもパワーポイントやワードなどのアプリケーションはまだこの手の問題がゼロではない。そのため、パワーポイント、ワード、エクセルなどの資料作成をする際は、意識して頻繁に保存し続ける必要がある。Ctrl+Sで瞬時にできる。

もっと深刻な問題も起きる。PCダウンだ。「PCはコーヒーが大変に好き」という話もあって、何かと手がひっかかったり、キーボードの真上でなぜか手が滑ったりという不思議なことがよく起きる。職場などで、人のPCの真上でマグカップを手渡ししたりする無神経な人がなぜかいるので、重々気をつけられたい。そういうとき、私は慌ててキーボードを閉じる。機内で仕事をする際は、極めて高い確率で、フライトアテンダントが飲み物をPCの真上で隣の席の乗客に手渡すので、くれぐれもご注意を。

このためにも、頻繁な保存はどうしても必要だ。オフィスに設置したハードディスクでも定期的に保存しているが、もう1つ、私が頻繁に行なうのは、PCダウンに備えて、作成中の最新ファイルをGmailで自分宛に送信している。こうすれば、締切間際にＰＣが立ち上がらなくなって青くなるということがない。他のどのＰＣからでもダウンロードすることができるからだ。Gmailは30Ｍくらいまでのファイルも送ることができ、一々ＵＳＢメモリなどに保存しておくより素早くできる。

最近はDropboxなどのオンラインストレージがかなり普及してきたが、まだセキュリティに不安があり、私は利用していない。ただ、これは私がコンサルティングなどの機密性の高い仕事をしているからで、その点をあまり気にしない仕事であれば、利用してもよいだろう。

ネットを切り、集中して書き上げる

書類・資料作成の時間を最小化できるかどうかは、これまで詳しく述べた方法に加え、どれだけ集中して書き上げるかに大きく依存する。単純作業ではないので、集中して作成すれば1時間ですむものが、何時間かかっても一向に進まない、ということがよく起きる。しかも質も上がっていかない。他で頑張っても書類・資料作成だけ、生産性が異常に低い、ということがよく見られる。

人によって、ノイズが入っても集中できる作業と、少しでもノイズが入ると集中できなくなる作業とがあるだろう。私自身は、説明や提案、講演のための資料作成は、ほぼどんな状況でも集中して進めることができる。電車の中などでも平気で、追い込まれたときはどこにいようとできる。

ところが、ブログや本を書くことにはまだ膨大な時間がかかる。〝膨大な〟と言っても、集中できないため、延々と日が過ぎていくのだ。ちょっとやってはその日が終わり、翌日何とかやろうとしてもまた他のことに時間を取られてしまう。そんな感じで、ベストセラーとなった『ゼロ秒思考』も、出版を合意してから2年以上もかかってしまった。この間に実際に原稿を書けたのは最後の半年ほどにすぎず、編集者に多大な迷惑をかけた。もうこれ以上延ばせないと思い、必死に頑張った結果だ。

ブログや本は、締切があってないようなものなので、私の場合、特にこういう問題が起きる。小学校の作文以来、長文への苦手意識があるために余計に集中できない。

これに対して、何よりもお勧めなのは、ネットを切り、集中して書き上げることだ。私の場合、PCがLANあるいはWiMAXで常にネットにつながっている。それにより、1日20~30回メールをチェックし、ミーティングの時間以外、ほとんどメールを溜めることがない。普段はこれにより仕事のスピードが大いにアップしているし、返信の早さで驚かれることが多くメリットもいろいろあるが、ことブログや本を書く場合には致命的に邪魔になる。どうにもならないほど集中を乱され続ける。

今回、この本を書くにあたり、1日に何回か1時間ほどネットを切り、集中して書くようにしてみたところ、前よりはるかに進むようになった。会議中は当然メールに返信をしないし、会食中、寝ている時間も返信しない。そう考えると、ブログ・本を書く時間に返信しないことも似たようなものだ。もともと、メールの返信が早いということで驚かれているので、それを少しペースダウンしてもまだ普通の人よりはかなり早いだろう。ブログ・本はまとまった時間を取って書かなければ、何も進まない。「書類・資料作成に集中できない」という人は、ぜひ1日何回か1時間ほどネットを切り、没頭して書き続けるとよい。1時間したら一時的にネットにつなぎ必要に応じて返信して、また1時間ネットを切るというやり方をする。すると雑音なく、かつ会議に出ているのと同じ感覚で前に進めることができる。

メールの返信以外にも、部下からの相談が大変多い上司は、1時間ほどどこかの部屋に籠もって集中するといい。会議に出席していると考えれば気兼ねは要らない。その時間はネットを切り、たとえ携帯が着信しても緊急のもの以外には出ないことは言うまでもない。

全ての会議の時間を半分にする

もし、会社あるいは部署の仕事のやり方をある程度変えることができる立場であれば、全ての会議の時間を今日から半分に減らすとよい。

これまで大小取り混ぜて多くの会社の会議に参加してきたが、どの会社でも、どういう部署でも、会議の生産性が極めて低い。発言が少なく、間が空いて、だらだらと時間がたつ。社長やその場のリーダーがもっと仕切ればいいのに、なぜか皆、遠慮して誰かが発言するのを待つ。あるいは、誰かが一方的に長いスピーチをして、他の参加者は退屈する。

発言が明快でなく、堂々巡りだったり、話の本筋からずれていったりしても、リーダーはまず正そうとしない。全員が我慢して聞いている。さらに、議題があっても何をどこまで達成すべきかが決まっていない会議が多く、何となく集まって何となくディスカッションをしている。最もコストがかかり、会社にとって重要な経営会議でも運営が甘い。会議ではなく社長の一人舞台だったりする。

こういう会議を多数見るにつけ、私は何とかして会議の生産性を上げるべきだと考えるようになった。議題の明確化、説明資料の準備等に加え、特に、会議時間を半分に減らしても何の問題もないのではないかと考え、可能な範囲で実行し始めた。

2時間の会議は1時間に、1時間の会議は30分に、30分の会議は15分にだ。やってみると全然問題がない。むしろ、テンポが上がって発言が増えていく。普段発言しない人も思わず発言するようになる。やってみるとかなり楽しい。何より、いつもよりずっと早く終わるので心の余裕ができる。会議が早く終わってから、参加者のうち何人かが本音の意見交換・情報交換を始めたりする。

あなたが経営者、あるいは経営幹部であれば、すぐさま会議時間を半減すればよい。反対する人はまずいないはずだ。部下は会議の長さ、生産性の低さに辟易しているからだ。そういう立場でなければ、ぜひ上司を巻き込んで行動を起こしてほしい。

全社で会議の改革を進めるには、「会議の生産性倍増リーダー」を置いて進めるといい。たとえば会議での発言時間の割合を見てみる。発言のない「間」がずいぶんあるはずだ。また、発言が質問なのか意見なのか、単なる感想なのかのログをつけ、会議の進行と目的にどこまで沿っているかを分析する。1つひとつの発言の所要時間も整理すると、一部の人間が演説をしがちなことが一目瞭然だ。

私が支援したある企業は、「5分ミーティング」「10分ミーティング」「15分ミーティング」というのを導入し、分刻みでささっと議論してアクションに移していた。もっと長い会議ももちろんあるが、短いミーティングに慣れると、発言の量と頻度が増え、議論のスピードが大幅に上がっていく。

会議の数、出席者を半減させる

会議の改善は、時間を半減するだけに留まらない。

大きな企業であればあるほど会議の数が多く、しかも内容的には若干重複していたり、１つにまとめればいいものを分けて開催したりしている。一度決めたらすぐに実行して成果を出せばいいのに、予備検討会、一次検討会、二次検討会、中間報告会、最終報告会事前打合会、最終報告会など延々と続く。これらの会議の数を半分に減らすことは十分可能なはずだ。会議の数はどんどん増えていくので、半年に一度は棚卸しをして、数を半分にすべきだ。会議のかなりの部分は気休めであり、決定の先延ばしにすぎない。会議の場で新製品、新サービスが生まれ、成功することはない。

さらに、会議の出席者を最小人数に絞り込むことも、仕事を速く進めるうえで非常に重要になる。日本企業の会議は、会議の目的がはっきりしないこともあり、発言しない人も含めて非常に多くの人が出席する。つまり、情報共有のための多人数会議になっている。これを必要最小限に絞ることで、会議の総時間、総コストが大きく減る。自分や部下の生産性も大幅に上がる。

会議で情報共有することが大事だと考えている人も多いが、資料をメールで共有すればすむことも多い。各自が資料を見て、質問があれば社内ネット上で質問するようにすれば十分だ。月次朝礼のような顔を合わせた場で重要な発表をし、そこで質疑応答をするのはもちろん効果的だが、ほとんどの会議はそこまで差し迫っておらず、資料を見るだけですむことが多い。

会議は出席者が少なければ少ないほど、よい意味での緊張感が高まり、意味ある会議になる。3〜5人くらいであれば真剣にならざるを得ないし、一言も聞き漏らさないように集中できる。20人もいたら、緊張感がゆるむのは必定だ。

会議の数、出席者を最小限にするには、会議コストを明示するとある程度の効力がある。役職ごとの福利厚生費を含めた時間当たり費用を、簡単なエクセルシートの表にしておく。会議の出席者の役職、人数、会議時間を入力すると、即座に会議にかかる総費用が計算できる。これを招集通知のたびに必ず明示するようにしておけばいい。

会議はここまで効率化できる③

会議での議論を素早く、効果的に進める

会議での議論を素早く効果的に進める力をつけると、仕事が劇的に速く、かつスムーズに進むようになる。基本的な考え方は次のようなものだ。

◎参加者に次々に発言してもらう
◎異なる視点を持った人の発言を特に引き出す
◎声が大きい人がえらいのではなく、内容で判断する
◎無理矢理押しきる、ということではない
◎意見がぶつかったら、一致点を確認し、相違点を整理する
◎議論がすれ違ったら、同じ土俵の上で議論するようガイドする

参加者に次々に発言してもらうには、誰がどういう問題意識を持っているか、普段から意識して理解するようにしておく。そうすれば、誰にどう口火を切ってもらえばいいかある程度の目処がつく。最初になかなか盛り上がらないと思えば、会議のリーダーから問題提起をし、火をつける。発言ごとに内容を確認するなどして、「聞いてもらった感」を持ってもらい、議論を積み上げていく。

異なる視点を持った人の発言を特に引き出すには、発言してほしい点に関して問題提起をする。その人の視点が他の人とどう違うのか、どういう角度から発言してくれそうかを考え、水を向けていく。指名されることを必ずしも好まない人もいるので、発言してほしい場合は、事前に丁寧に依頼しておく。

声の大きさではなく内容で判断するには、いつも発言内容そのものに耳を傾ける。どういう目的で、どういう根拠があって発言しているのかに着目する。声の大きさにとらわれない、ということに自分の判断基準を持つことしかない。

無理矢理押し切らないようにするには、意見の相違があったときに面倒だと思ったり、変に1つにまとめようとしたりしないことだ。そういった余裕のある態度が、意見の相違を上の視点から調整することに役立つ。意見がぶつかったら、まず一致点を確認する。かなり激しくぶつかっているようでも、よく聞いてみると一致しているところがかなりあることがほとんどだ。それを1つひとつ確認していく。そうすると、ぶつかった二人も少し冷静になり、相手に対しての警戒心がやわらぐ。そのうえで相違点を確認していく。相違点も、根本的に白と黒、左と右、というような修復できないギャップよりは、前提条件が違っているために異なる結論を出しているだけのことが多い。したがって、相違点を確認する際は、まず前提条件を確かめ、そのうえで主張そのものの違いを整理していく（206頁の図も参照）。そういうプロセスで、じつは二人の思いがほとんど同じで、利害関係もなく、ちょっとした違いでの感情的な対立を引き起こしていただけ、と気づくことがよくある。

議論がすれ違うときとは、たとえばAさんはコスト削減の話をし、Bさんは顧客開拓の話をしたりして、話の土俵がずれてしまうことだ。お互い、本当に言いたいことは最後まで言わず、手前の話に終始しがちなので、じつは根本から違う議論をしていることがその場ではよくわからないこともある。ファシリテーションをスムーズにするには、常に注意して、発言者が本当は何を伝えようとしており、いまはどんな表現で話しているのか、その目的は何かを考え続けるとよい。

こういった努力で、自分が参加し、リードする会議の生産性を何倍にも上げることができる。

ホワイトボードで会議の生産性は数倍になる

会議でホワイトボードを活用すると、断然スピードアップが図れる。意見を出し合って意思決定をする会議を私がリードする場合、必ずホワイトボードを活用する。

よく見聞きする会議での問題点には、

◎テーマによっては話がぶれやすい。それぞれが言いたいことを言って終わる
◎時間はかかるものの実際は何も決まらず、誰がいつまでに何を実行すべきかはっきりしない。決めたと思っても漏れがある
◎論点のすれ違いを明確にできず、平行線のまま議論が続く

などがある。一人ひとりの目的意識がばらばらで、訓練もされていないことがほとんどなので、意思決定・アクション推進型の議論ができないためだ。

最近はホワイトボードが置かれていることが多いのでそれを使おうとする人もいるが、きちんと使おうとすると、

◎ホワイトボードに書こうとしても、発言者の内容が理解できない（実際何を言いたいかわからないことが多い）
◎ホワイトボードの前に立つと、何をどう進めたらよいかわからなくなってくる
◎議論が拡散するのでまとめようとしても、皆がついてきてくれない。皆、言いたいことを言う

ということになって、結構むずかしい。数人の打合せで適当にホワイトボードに書いたり消したりは比較的よくあると思う。書く字も人それぞれで、なかなか他人には読みづらい。整理して書こうという気がないため、ホワイトボードの前に立ってはいるものの、発言しながら二、三のキーワードを書いたり、殴り書きでポンチ絵を描いたりする程度だ。あとから見ても議論の過程はわからない。また最終的に残った内容

を議論に参加した人が見ても、何を議論して何を決定したかなどをたどりづらい。

会議を効率化するうえで、ホワイトボードはもっとパワフルなツールになる。うまく活用すれば活発な発言が続き、課題が整理され、スムーズに合意形成が図れる。しかも、会議終了時には、議事録が自動的にできあがり、誰が何を言った言わないなどの曖昧さを残さない。そのためには、

◎会議リーダーがホワイトボードに書く
◎変にまとめようとせず、発言をできるだけそのまま記録する
◎わかりにくいときは、遠慮なく聞き直して書く
◎趣旨を汲み取って補完して書く
◎書いた内容を指さして、本人に確認する
◎課題とアクションを整理する
◎論点のすれ違いは、その場で一致点、相違点を図示する

などが鍵になる。

◉会議のリーダーがホワイトボードに書く

ホワイトボードを書記に書かせる光景がときどき見られるが、これは会議のリーダーが書くべきだ。ホワイトボードは、会議の進行をリードするための最も有効な武器なので、他の人にやらせるのではなく、議論をリードしながら自分で書く。込み入った議論など、ホワイトボードに全員の意識を集中させながら、発言を確認しながら課題を整理し、皆の意見が出尽くしたところでアクションへの合意形成を進める。こうすることで、参加者の意見を十分吸い上げつつ、いつまでに誰が何を実施するという明確な合意形成ができる。

◉変にまとめようとせず、発言をそのまま記録していく

会議のリーダーは、参加者の発言を変にまとめようとせず、発言をそのまま記録していく。ホワイトボードを使った会議を多数見てきたが、ほとんどの場合、参加者が発言し終えてからおもむろに短いキーワードに要約して書いている。これでは発言内

容のごく一部を断片的にとらえているにすぎない。

そうではなく、できる限り発言者の言葉通り書き留めていく。このためには非常に速く書くことが要求されるが、66頁で紹介した「メモ書き」を実践し、メモを1分で書く練習をしていれば、まったく問題なくできる。

もちろん、話し言葉は書き言葉に直すものの、発言内容がかなり正確にホワイトボードに記録されるので、議論の進行が参加者全員にはっきりわかるし、同じ論点を繰り返す人、蒸し返す人がほとんどいなくなる。もし繰り返した場合は、ホワイトボードの該当箇所を指さして注意を促せば即座に理解してもらえる。

「発言内容を極力そのまま書き留める」というやり方はかなりユニークらしいが、会議のスピードアップにも、効果的な議論にも極めて効果的なので、ぜひやってみてほしい。

聞きながら書くことは最初は戸惑うが、むしろ全部聞いてから要点だけ書くほうが内容を覚えていなければならないので大変だったことに気づくと思う。多くの人はだらだらと発言を続けるからだ。

私のお勧めの方法だと、聞きながらどんどん整理して書き、発言者もそれを見るので、発言自体がかなりシャープになっていく。これは不思議なくらいだ。「聞いてもらった感」があると、「伝えきれない感」によってだらだら発言し続けることが劇的に減る。

●わかりにくいときは、遠慮なく聞き直して書く

発言内容によっては意味不明のこともあるし、聞き取れないこともある。そういうときは遠慮なく聞き直せばよい。ホワイトボードに真剣に書こうとしているのは明らかなので、皆、誠意を持ってわかりやすく説明してくれる。

●趣旨を汲み取って補完して書く

じつはここに大きな秘密がある。「発言をできるだけそのまま書き留める」際に、私は相手の言おうとしていることを推察してわかりやすく書いてあげる。意見をスムーズに言える人はどちらかというと少数で、大半の人は繰り返しになったり、言葉選びが適切でなかったり、意図に反してちょっとずれたことを言ってしまう。

その場合、聞きながら何を言いたいのか理解し、わかりやすく書いてあげることが

しばしばある。発言者の内容を曲げるのではなく、明らかに発言したい意図を汲み取って、それを若干編集してわかりやすく書いてあげる感じだ。

これをやり続けると、発言者は言いたいこと（実際には70%くらいしか言えていないこと）がうまくホワイトボードに書かれるのでかなり満足してくれる。

発言者によっては、頭に浮かんだことを何とか伝えようとして言葉が十分出てこず苦労することがある。そういうときに私は「こういうことでしょうか」と確認し、ホワイトボードに書いてあげることで意見をわかりやすく皆に伝え、議論をリードしていくことが頻繁にある。要は、ホワイトボードにただ発言内容を書く、というだけではなく、かなりの程度まで整理し補完して書いたうえで、発言内容の確認をする、ということだ。

●書いた内容を指さして確認する

発言を書き留めたら、その内容を指さして「こういうことですね。これで大丈夫ですか」と本人に確認する。慣れてくるとほとんど書き損じることがないし、趣旨を汲み取って補完もしているので、発言者は「まさにこれが言いたかった」とばかりにうなずいてくれる。発言者だけではなく、参加者全体の理解が深まり、議論への集中も深まっていく。

◉課題とアクションを整理する

会議は参加者の発言に任せておくと、どんどん拡散する。自然に課題が整理され、アクションの合意にいたるということはまずない。あったとしても、何時間もたち皆が疲れてきて何とか終わらせるためにまとめようとして初めて合意する、という感じだ。

そうではなく、会議のリーダーが意識してまず課題、問題認識についての発言を促し、それが出尽くしたところで、「じゃあ、課題はこれくらいにしてアクションについて議論しましょう」と進行させる必要がある。

◉論点のすれ違いは、その場で一致点、相違点を図示する

発言者の間で意見がぶつかることがある。その場合は、両者の一致点をまず確認す

る。そのうえで相違点を確認する。多くの場合、言い争いをしている二人の間でじつは一致点が多く、ごく一部の相違点について過剰に言い合いをする、という現象が見られる。

これはその場でホワイトボードの右下などに表を書いて整理する。横に二人の名前を並べ、縦にはどういう観点からの議論か、項目を並べる。最初は一致点、その後相違点を並べるようにすると、一目瞭然だ。

●写真を撮って議事録にする

ここまでの方法を実践できていれば、会議の終了後には議事録が自動的にできている。スマートフォンのカメラで撮影し、その写真を参加者に配布すればよい。

ホワイトボードでの意見の整理の例

	山田さんの意見	山下さんの意見
開催そのものについて	賛成	賛成
対象者について	社会人	社会人＋学生
主な出し物	チャリティーイベント	チャリティーイベント
かける費用	100万円を上限として	できるだけ少額で
協賛	最低５社は確保	もし獲得できるなら

なお、会議の長さ、発言者の数によってはホワイトボードのスペースが足りなくなるのではないかという懸念もあるかもしれないが、1つのホワイトボードに収まるように最初から考えながら書くとたいていの場合うまくいく（ただしホワイトボードの大きさは1・8メートル幅のものが望ましい）。そもそも、長時間で多くの人数が出席する会議は生産的でなく、まったくお勧めできないのは前述した通りだ。

◉ホワイトボードマーカーにもこだわる

ホワイトボードをうまく活用するには、ホワイトボードマーカーが鍵を握る。私の愛用は、「パイロットボードマスター」（直液カードリッジ式）の中字丸芯だ。オフィスには黒2本、赤2本、青1本と補充カートリッジを5本以上そろえてある。太字、中字、細字があるが、お勧めは中字で、太字だと細かく書くことができない。細字だと視認性が若干落ちる。

このマーカーの最大の特徴は、カートリッジ式であるためぎりぎりまでくっきり書けて、なくなったらカートリッジを交換すればいいことだ。しかもカートリッジはまとめて買うと1本60円弱なので、圧倒的に安い。

ホワイトボードマーカーはだんだんインクが薄くなり、見にくくなってしまうことが非常に多い。しかもインクがあまり出てこないので、二度書きするはめになったり、引っかかったりして早く書けなくなったりする。写真を撮っても写りにくくなる。薄くてほとんど見えないホワイトボードマーカーを使って平気な人が驚くほど多いが、見づらくてしょうがない。私はそういうホワイトボードマーカーを見つけると、黙ってどんどん捨てるようにしている。

ホワイトボードの使い方で会議の生産性は何倍も変わってくる。その場をスムーズに進めるものとして、私には重要な小道具だ。支援先企業などにも勧めて用意してもらっている。

メールはすぐ返信する

メールは溜めれば溜めるほど悪循環が起きるので、溜めずにすぐ返信するとよい。
私の場合、もちろん打合せ中などはチェックできないが、席に戻ったあと、あるいは外部での打合せが終わって移動中などに、1日に20〜30回はチェックして返信している。大変だが、溜めたらもっと大変なことになるので必ずやり通している。

メールをすぐに返信するようにすると、仕事のスピードがかなり速くなる。すぐ返信すると、その返信・質問への返信もすぐ帰ってくるので、あっという間にやり取りが終わる。また、返信の速さに相手が驚き、こちらの熱心さや誠意を感じてくれることも多い。

メールをすぐに上手に返信するには、心がけ以外にも次のようなポイントがある。

◎メーラーの選定
◎フォルダ分け
◎優先順位をつけない
◎メールを書くスピードを加速する
◎むずかしい内容のメールは翌朝まで寝かせておく

メーラーは、Thunderbirdを使っている。以前はOutlook Expressだったが、受信トレイがよく壊れるので、かなり前に切り替えた。メーラーは好みで決めていただければもちろん何の問題もないが、唯一、あとで述べるように個別メールのファイルをフォルダで保存できるもののほうがよい。

受信トレイをフォルダ分けしている方をよく見かけるが、私はやっていない。分けるとそれを一々見ないといけないので手間どるし、チェックし忘れて大事なメールへの返事が遅れることもあり得るからだ。

メールに優先順位をつけて返信しようとする人もいるが、私は特にそうしていない。端から返信するほうが無駄がなく、結局速いと考えている。

メールへの返信を書くことに時間がかかっている人が多いようだが、これは練習、実践を積んで、徹底して加速していく必要がある。タイトル通り、まさに「メールを制する者が時間を制する」からだ。66頁でお勧めした「メモ書き」を千ページ（数か月）以上実践すると、メールの返信がかなり速くなる。相手の要求のポイントが素早くつかめ、どう返信すべきかが瞬間的に浮かぶようになるからだ。

書いた返信内容は、簡単なものであればすぐ発信すればいいが、むずかしい内容のものであれば、いったん翌朝まで寝かせておくとか、せめて10〜15分置いて、見直してみてから発信するとよい。そうしないと、「あ、しまった！」と後悔することになる。むずかしい内容のメールを書くには時間がかかる人が多いだろうが、数をこなすうちに、「メモ書き」をするうちに、だんだん慣れてきてほとんど止まらずに書けるようになる。

メールを制する者が時間を制す②

伝えにくいメールでも素早く書く方法

単なる事務連絡のメールは簡単に書けるだろう。もっと込み入った伝えにくい内容のメールをどれほど早く書けるかが、仕事のスピードを上げるうえで大変重要になる。普通のメールが5分ほどで書けるのに、下手をすると30分、悩み始めると1時間くらいメールとにらめっこをすることはないだろうか。むずかしい依頼をするとき、相手が好まない要求を伝えるとき、どうしても悩み、長時間かけてしまう人が多いようだ。何を悩むのか。なぜ悩むのか。その悩みに意味があるのか。伝えることに意味なく躊躇しているのではないか。こういう場合、伝えるべき内容は比較的明確にもかかわらず、ネガティブなことを伝えたくないという気持ちから時間がかかってしまっているのではないだろうか。

迷って伝えても、効果的に伝わるわけではない。むしろ歯切れが悪いことで余計に悪くなることもままある。したがって、ネガティブな内容でも構わず、遠慮なく伝えることに慣れる必要がある。きちんと伝えないともっと大変なことになるからだ。

それができない人は、人がいいとか、善人であるとか、そういうことではない。単に「大事なことを冷静沈着に伝えることができない」というだけだ。「善人ぶっていて、いい顔しかできない」ということではないのか。それでは仕事ができない。言うべきことは言う。伝えるべきことは遠慮なく伝える。

仕事のスピードアップを図りたい人は、伝えにくいことでも素早く、遠慮なくメールに書く。絶対に書くと決め、守るようにする。

最初はどきどきするが、そう決めてやり始めると数回で慣れる。怖がっていたのがウソのように慣れる。もちろん、最初のうちは、書いた文面を信頼できる人に見てもらい、言葉選びが適切か、説明が十分か、相手の感情を不必要に逆なでしていないか確認してもらい、それから発信する。これも数回お願いすると、かなりレベルアップする。メールのやり取りがうまい人は仕事もよくできるので、ついでにそういった人の仕事のしかたも学ぶいいチャンスだ。

「どうしても伝えるべきことをストレートに書けない」という人は、こう考えてみてはどうだろうか。相手の気持ちを気にしてきちんと伝えなかったために、相手にとってもっと悪い状況になったらどうするのか。相手は困り、被害がさらに大きくなる。相手に問題がある場合もこちらに問題がある場合も、被害を最小限にするには、悪いニュースほど早く共有することだ。そう考えれば、伝えるべきことは言葉を慎重に選びながらも断固として伝えるようにする。これがマナーであり、仕事を早く進めるための知恵だ。

ただし、こちらが失敗をして謝罪する場合は、可能な限りお会いしてお詫びすべきだ。お会いできない場合はメールでお詫びするしかないが、そのときは文面の内容を練るというよりも、真摯な姿勢で詫び、二度とそういうことが起きないよう取り組んでいくことを誠意を持って伝えるしかない。これも気が進まないとかそういうレベルの話ではない。

込み入ったことは直接話す

いつでもメールですませるわけにはいかない。メールよりも直接話すほうが効果的で、しかも早くすむことがあるからだ。たとえば次のような場合だ。

◎前後の事情、背景が込み入っていて、メールだと長文になりすぎる場合
◎メールだと誤解が生じる可能性が高い場合
◎普通にメールですむと思って始めたが、ボタンのかけ違い等で相手がやや感情的になった場合
◎何か相手に依頼する場合
◎直接話すと問題ないのに、メールだとなぜかとげとげしくなる相手の場合

最初のケースでは、相当長いメールを書かないと前後の事情、背景がうまく伝わらない。10分で書くのは到底無理で、軽く1時間くらいかかってしまう。それ自体大変だし、読むほうも時間ばかりかかり、メールなので途中のちょっとした質問もできない。こういうケースでは、会って直接話すほうがいい。そのあとで参考資料をメールで送ったりする。

二番目は、必ずしも長文にはならないが、どう説明しても誤解が生じる可能性が高いと思われる場合だ。これは説明する内容自体が若干微妙だったり、説明相手の立場が不透明だったり、質問に答えながら順を追って説明しないとずれていってしまいそうなケースだ。こういうときはむやみにメールに頼らず、最初からにっこり笑って話すほうが数倍速く仕事が進む。

三番目は、特に問題もなくメールを送ったところ、なぜだか相手が感情的になってしまったというような場合だ。ここでメールで反論したり下手に説明したりすると、「売り言葉に買い言葉」でさらに悪化する。そういうときは早々に打ち切って直接話すようにすべきだ。会えるなら会って話せばいいし、そうでなければせめてスカイプ等で顔を見て話すようにする。そうすれば余計にこじれることがなくなる。

四番目の依頼は、資料を送ってほしいとかミーティングに出てほしいなど、ごく簡単なことはメールでいいが、もう少しお願いのレベルが高い場合は、メールより直接依頼するほうがよほど速く進む。メールで依頼した、ということで相手がへそを曲げることもままあるので、迷うときは会って依頼するほうがずっといい。

五番目は、かなり判断がむずかしく、奥が深い問題だ。メールだとなぜか人格が変わるケースで、何十人かに一人いると思われる。普段話をしていても特に何の問題もなく、一緒に飲みに行ったりもするのに、メールだと他人行儀になったり、妙に攻撃的になったり、揚げ足取りをしたりする人がいる。匿名メディア等に別人格になって投稿する人も同様なのかもしれない。こういう人は直接話すに限る。

単語登録を200〜300個する

メールや書類作成のスピードを大幅に上げるには、単語登録が鍵になる。しかも10個、20個ではなく、200〜300個くらいすると入力が驚異的に速くなり、大変快適に仕事が進む。

単語登録は誰でも一度は考えてトライすると思うが、多くの単語登録をしたうえで、どう素早く思い出し、使いこなすかがポイントになる。その方法をいろいろ工夫した結果、次のような方法に落ち着いた。自分の好みでどんどん工夫してほしいが、しっかりとルール化することで迷わず登録でき、使えるようになる。

◎頻繁に使う特別なものは、最初の1文字で登録する。60数種類登録が可能

・例1：「あ」↓赤羽雄二
・例2：「ぱ」↓パワーポイント
・例3：「じ」↓@gmail.com

◎通常は、最初の2文字で登録する
・例4：「おは」↓おはようございます。
・例5：「よろ」↓よろしくお願いします。
・例6：「あけ」↓明けましておめでとうございます。
・例7：「09」↓自分の携帯電話番号
・例8：「じゅ」↓会社へのアクセスURL（住所の「じゅ」）

◎最初の2文字で区別できない場合は、第1字＋第3字で登録する
・例9：「ども」↓どうもありがとうございました。（「どう」では区別できないので）

◎第1字＋第3字で区別できない場合は、最初の3文字で登録する

・例10：「あんと」→アントレプレナーシップ（「あと」では区別できないので）

◎4文字熟語の場合は、第1字、第3字の漢字の最初の読み

・例11：「けか」→経営会議

◎二人の人に頻繁に送る場合は、一人目の最初の2文字＋二人目の第1字（これで重複することはほとんどない）

・例12：「たなに」→田中さん、新崎さん

・例13：「やまひ」→山下さん、久野さん

◎上記に準じて、曜日は第1字＋「か」（「かっこ」の「か」）

・例14：「にか」→（日）

・例15：「げか」→（月）

◎よく使うメールアドレスは、その人の名前の最初の2文字＋「あ」で登録する

・例16：「あかあ」→akaba@b-t-partners.com

◎メーリングリストは、「相手先社名・プロジェクト名の第1字＋あ」で登録する
・例17：「すあ」→SABCproject@○○.com

読み方がむずかしい人名、辞書になかったカタカナ名詞等も、また使うと思うときはすぐ登録する。

私は、最初はいわゆる単語登録だけやっていたが、途中から文章を入れることができることに気がついた。そうするとじつに簡単だ。こういう登録をするようになってから、メールや書類作成のスピードが大幅に上がり、またあまり苦ではなくなった。少ないキー数ですいすい書けて気持ちがよく、スピードアップだけではなく、書くことが楽しくなっていく。

メールはカテゴリー別に日付順で一括保管

私は支援先企業、テーマ別に多数のフォルダをつくり、送受信したメール、パワーポイントファイル、PDFファイル、画像、URLのショートカット等を一括して保存している。フォルダはデスクトップ上で、探しやすいようにうまく並べている。

ミーティングの設定などのごく事務的なメール以外、日付をつけて保管する。これにより、あとから主要なやり取りを全て数秒で探し出すことができる。いつ何が起きたかをあとから確認する必要が生じることも多いし、過去のメールをベースに次のアクションを決めたりすることも頻繁にある。1通のメールを保存する時間は数秒なので、若干面倒ではあるが過去10年くらいは徹底している。

フォルダにはメールと一緒に、そのときにやり取りしたパワーポイントファイル、

PDFファイル、画像、URL等も全部日付をつけて保存する。フォルダに一括保存する理由はまさにこれだ。過去の履歴が全て数秒で確認できることにある。

ただし、このメールごとにフォルダに保存するやり方はGmail等のウェブメールでは使えない。検索はスピード、精度とも比較的いいようだが、メールのフォルダ保存ができない点、また一々ネット接続が必要な点で私には不便だ。Gmailをメインにした方はメールのフォルダ保存ができないので、何らかの工夫をしてほしい。私なら他のファイルだけでも一括保存する。

●メールを保存する方法

メールは次のようにして保存している。

◎Thunderbirdの受信トレイ・送信ずみトレイ上の該当メールをデスクトップに移動する（Thunderbird Documentが生成される）
◎F2キーを押すことで、そのメールのファイル名が変更できる
◎カーソルを一番最初に移動し、日本語入力モードになっていることを確かめて、

「h」＋スペースバー（単語登録をして「h」で日付が出るようにしている）
◎これで、「14-12-01 インタビュー結果報告」などのファイル名にできる
◎多くの場合、誰から来たメールか、誰に送ったメールかも記入している
例：14-12-01（山田さん）インタビュー結果報告
例：14-12-01（田中さんへ）インタビュー結果報告へのフィードバック
◎その後、該当フォルダに移動する

●日付は必ずファイル名の先頭に

日付の表示に関しては、上記でわかるように「15-04-01」という形にしている。これはいろいろ試した結果、視認性がよく、字数が比較的少ないことなどを考慮した結果だ。「2015-04-01」より簡単だし、「150401」よりはるかに見やすい。ここは好みの問題もあるが、チームには理由を説明してなるべくこの方法で統一してもらうようにしている。

日付は毎日午前零時を回ったところで、1ずつ増やす。たとえば、2015年4月2日になった直後にファイル名を記入する際、「h」変換で「15-04-01」が出たとこ

ろで「1」を削除し、「2」とすることで「15-04-02」になる。2、3秒で日付変更が完了だ。

日付をファイル名の最初につけず、最後につけている人がかなり多いが、最初につけるほうがはるかによい。なぜなら、フォルダごとに全て日付順に整理すれば、明らかにそのほうが探しやすいからだ。メールのタイトルは千差万別で、しかも送受信した膨大な数のメール、ファイルのタイトルを覚えておくことは不可能だ。そうなると探しようがない。ひらがな、カタカナ、漢字で並び方も大変複雑になる。

メールも再利用フォルダに保存する

メールを書いて送信したあと、依頼、告知、説明などでまた使うかなと思われるメールは、「再利用フォルダ」に保存しておく。これは、支援先企業、テーマ別につくった多数のフォルダとは別だ。

たとえば、「説明方法の改善」というタイトルのメールを２０１５年２月４日に山下さんに送った場合、

15-02-04 説明方法の改善

として「再利用フォルダ」に保存する。誰に宛てたか明示しておきたいときは、

15-02-04（山下さんへ）説明方法の改善

などとする。「h」変換で日付が出るように登録しているので、手間はかからない。

これにより、再利用可能なメールは全て1つのフォルダに日付順に並んでいるので、すぐに探せて即座に再利用可能だ。数日あるいは数か月後に再利用することがあれば、推敲・加筆修正し、改めて再利用フォルダに保存する。そのため、内容もだんだんこなれてきてよりよいメールになる。

再利用する場合の注意点がある。再利用とは言え、新しく送る時点で相手のことを考え、念のため文面を全部見直す。それでも時間は大してかからない。ゼロからつくるのに比べると10～20％程度の時間ですむ。推敲により、明らかに内容が向上する。いったん見直したら、そのまま他の人に送る場合も驚くほど早く終了できる。

同じ発想で、私は保存しておきたいWebサイト、ブログ等もＵＲＬのショートカットをつくり、テーマごとのフォルダに入れておく。パワーポイント、Word、エクセルなどのファイルも再利用可能なものは全部一緒に保存しておけばいい。一括整理できるので、Evernoteなどよりよほど手軽だと考えている。

メーリングリスト、SNSの機能を使い分ける

◉メーリングリストやディスカッショングループを活用する

複数のチーム、プロジェクトに参加している方も少なくないだろう。参加メンバーを全部入れたチーム、プロジェクトごとのメーリングリストやディスカッショングループをすぐ設定できているだろうか。

メーリングリストやディスカッショングループにより、メンバー間のコミュニケーションがスムーズになる。チーム・プロジェクトの目的や進行プロセス、進め方のポイントなどが共有され、齟齬なく進めることができるようになる。一部のメンバーだ

けが情報共有し、途中で言った言わない、聞いてないといった問題が起きにくくなるため、スピーディーに仕事が進む。

誰に伝えるべきか悩んだり、メールアドレスを入れ忘れたりがなくなる。メールアドレスの入れ忘れは他意なくしがちだが、人によっては気にしたりするので、そういった問題を未然防止できる。学生や20代のチーム、プロジェクトの場合は、メーリングリスト・ディスカッショングループがだいたい発足時には設定されており、ごく自然にコミュニケーションが進むが、30代以降の場合、そこまで慣れていないことが多い。

メーリングリストにするか、Facebookグループ、LINE等にするかはある程度好みで決めればよい。ただし、私のお勧めとしては、ファイル、関連記事等々の一括管理・保存のしやすさと検索スピード、さらにはネットワークが不安定なときの使いやすさの点から、メーリングリストを主として、Facebookグループを従にするほうが生産性が高いのではと考えている。Facebookグループはインターネットの接続が不安定なときに使いにくいし、再送を要求されたりして、ストレスになるからだ。

LINEについては、もうこれなしでは生きていけない、という人が急激に増えていると思う。LINEの問題は、コミュニケーションが活発に起きすぎるあまり、仕事に集中できなくなってしまうことだ。「コミュニケーションが活発」というのはもちろんいいことだが、一回のやり取りですませたいことも数度以上往復したり、それに複数人からんだり、集中を削ぐことこの上ない。通知音を消しても実際のやり取りが多数動いているので、無視することができず、これはこれで集中を削ぐ。また、過去の投稿、やり取りを探すのがかなり大変だ。仕事に使いやすいLINEの進化版が出るとよいと心底期待している。

●コミュニティづくりにはFacebookグループが便利

Facebookグループとは、Facebookユーザーの間でディスカッショングループをつくってやり取りできる仕組みのことだ。Facebookが苦手な人、敬遠している人でも、Facebookグループだけ使えば、便利さをすぐわかっていただけると思う。

グループへの参加申請をして、管理人が承認するか招待する。Facebookグループ自体は、秘密のグループ、非公開のグループ、公開のグループなどを選択できるので、トピックと参加者の情報をどこまで公開すべきかどうかで判断する。

欠点はスレッド等がつくれないこと。またトピックで探したり、検索をしたりがほぼできないことだ。ただし、Facebookグループをつくってからの履歴が全部残るし、あとから参加した人にも一目瞭然なので、それなりに使いこなす価値はある。

●Facebookページは企業のオフィシャルサイトなどを想定

Facebookページは、コミュニケーション上は実質的にかなりFacebookグループに近いが、形式的には参加申請がなく、「いいね！」を押し、ファンになって参加する。

非公開設定等もなく、もともとの趣旨は企業等の発信と顧客との交流の場として提供され始めた。ただし、投稿してもファンのタイムラインに表示されるものがごく一部なので、より確実なコミュニケーションをねらう場合は、Facebookグループを工夫して使うほうがよい。

私は、『ゼロ秒思考』を書いたあと、『「ゼロ秒思考」メモを書いて悩みをなくし、頭を整理しよう』というFacebookページを立ち上げ、皆さんとノウハウを共有している。ただし、前述の問題から新たに『「ゼロ秒思考」についてのディスカッション』というFacebookグループを立ち上げた。

◉Facebookメッセンジャーは仕事ではいまひとつ

最近、メールよりもFacebookメッセンジャーを使う人が確実に増えてきている。ユーザーが10数億人になってもまったく遅れを感じさせないFacebookは素晴らしいと思うが、ファイル添付がいまいち使いづらい。ネット環境が不安定なところでは、延々と時間がかかったり、固まってしまったりする。だから、ファイル添付がないような場合にのみFacebookメッセンジャーを多用している。

コミュニケーションのミスをなくす①

丁寧に話を聞くことで、むしろ仕事は速く進む

人の話を丁寧に聞くだけで、仕事は速く進む。こんな簡単なことはない。ところが、実際は早とちりがあまりにも多く、それが仕事のスピードを阻害してしまう。ただ、丁寧に聞くことは決して簡単ではない。それにはいくつかの理由が考えられる。

◎丁寧に聞くと「負け」と考える
◎いつもあせっているので、丁寧に聞くこと自体が苦痛
◎途中で過剰に突っ込みたくなってしまう
◎気がついたらこちらが演説モードになってしまう

丁寧に聞くと「負け」と考える人は、物事や人との関係を「勝ち負け」でしか判断しない悪い癖があると思う。劣等感があるのか、自分に自信がなさすぎるのか、バランスのよい接し方ができない。そのあせりや対決姿勢が全身からにじみ出ているので、相手も戦闘モードになる。「誰が教えてやるものか」「もっと調べてから来い」となってしまう。

いつもあせっている人は、特に勝ち負けの意識があるわけではないが、ともかく落ち着かない。いったん丁寧に聞けばいいのに、それができない。結果としてミーティングの生産性を落とすことになる。

途中で過剰に突っ込んでしまう人は、相手のミスや弱いところを突いて優位に立とうとする。自分に自信がないので、まずは攻撃してこちらが上であることを見せつけないと落ち着かない。丁寧に話を聞いて、むしろ味方になってもらえばいい相手に対して、自分が上だと見せつけないと接することができない。非常にもったいない。

気がついたら演説モードという人も要注意だ。自分が話すのではなく、相手の話を丁寧に聞けばいいだけなのに、何かに追いまくられたように一方的にしゃべってしまう。「ふと我に帰ると、一人ぽつんと」というタイプだ。

仕事のスピードアップを図ろうとしているのに人の話を丁寧に聞くのは相反する行

動では、と考えてしまった方は、一度落ち着いた気持ちで人と接するようにしてほしい。そのほうが話を正確に回り道せずに聞くことができて、結局は無駄なく仕事を進めることができる。

丁寧に話を聞くことには、さらにもっと大きなメリットもある。それは、相手に信頼され、気にいってもらえることだ。幸いというか不幸というか、世の中のほとんどの人は相手の話をあまり丁寧に聞こうとしない。急いでいればなおさらだ。

コンピュータ同士のやり取りであれば最速でコミュニケーションすることが善だが、人と人との間では相手への思いやりと深い関心が必要だ。それなしに情報だけ取ろうとしても、相手は警戒するし、そもそも話をする気になれない。同じ会社内であってもだ。したがって、仕事では人の話を聞く際には丁寧に接することが大前提となる。

ただ、人によっては勘違いをして、これまた幸いと延々と話し続けることがある。新しい重要情報が出てくるならひたすら聞けばよいが、往々にして前の話の繰り返しや愚痴や、会社や社会に対する恨みつらみになることがある。その場合は、当初お願いした時間が来たら丁寧にかつ速やかに退散するほうがよい。ただのいい人になるわけにもいかないからである。ただ、このへんは人によって若干価値観が違うことはよく理解しており、それぞれの人の判断を尊重したい。

伝えるべきことを3、4点メモしてから話す

会議で発言する場合、あるいは一対一で伝えることがある場合、さっとメモに書いてからその場に臨むとよい。メモといっても、4～6行、20～30字程度ではなく、単に3、4点ポイントを書き留めるだけでよい。それだけで、心が落ち着き、はるかに効果的に伝えることができるようになる。

たとえば、新商品企画について発言する場合はこんな感じだ。

◎ターゲット顧客は20～30代、大都市に住む一人住まいの男性
◎ニーズの把握が必要
◎10人ほどまずインタビューしたい

◎リリースは4か月後

この程度でも、気が楽になり効果的に説明できるし、言い忘れがなくなる。説明がしどろもどろになったために差し戻しになったり、来週に再討議といったことが減る。ちょっとしたことだが、仕事のスピードアップには不可欠だ。むずかしい話以前に、仕事を速く確実に進めるための基本動作の1つだと考えている。

メモを書いたら、それを見ながら順次話していく。空で伝える必要はまったくない。講演が大変うまいオバマ大統領でも、コミュニケーションに長けたベテランでも、要点を書いた紙を手元に用意したり、プロンプターで表示したりすることが普通だ。

書いたメモを机の上においてさりげなく見ながら話す必要もない。手にしっかり持って、「1つめに〜」「2つめに〜」「それから3つめに〜」と話せばよい。あせらずに話すということが何より大切だ。一対一で伝えるときも同じで、手元のメモを見ながらのほうがはるかに適切な伝え方ができる。たとえば、こういうメモを書いておく。

◎今回のお願いの背景
◎今回お願いしたいこと

◎なぜ頼みたいのか
◎これを引き受けていただくとどういうメリットがあるか

こういうメモは、相手の心情、反応を想定して書くが、その場になって想定外のことが起きることも多い。その場合も、一度メモを書いておくと、あまり慌てず次善策のほうに切り替えることができる（次善策が想定される場合は、同じ紙の下のほうに準備しておく）。

繰り返すにつれ、驚くほど臨機応変に対応できるようになる。説明、交渉が1回ですむようにもなる。慣れてきても、メモなしですませようとはせず、必ず要点を書き、余裕を持って臨みたい。自転車をわざわざ手放し運転する必要はない。

伝えるべきことを遠慮せず伝える

伝えるべきことを遠慮なく伝えることができると仕事が速く進む。こちらのニーズや要望、気にすべき点などが的確に伝わり、無駄な作業を少なくできる。

妙に遠慮して遠回しにしたり、言いづらいことを言いそびれたり、ごまかしたりするとあとが大変だ。辻褄が合わなくなるし、相手のやる気を損ね、信用を失う。間違ったことなので挽回もしづらい。しかし、それはわかっていても、気の弱い人、やや無責任な人、相手を思いやることができない人はその場しのぎをやってしまう。

たとえば、期待していたメンバーがプロジェクトの最後まではいられなくて開始2か月後に抜けてしまうとか、依頼しようとしていた外注先が忙しくて別のところにせざるを得ないなどがわかったらすぐに伝えるべきなのに、言いそびれたりする。結果としてどんどんまずい方向に動いてしまい、早めに手を打てずに傷口を広げて収拾に手間取ってしまう。スピードアップの正反対だ。

こういうコミュニケーションに陥りがちな人は、「遠慮しない」「言うべきことは考えすぎずに言う」「悪い話は特にきっちり伝える」「先に伝えたほうが楽になる」と考えて、思い切って伝えることを常に心がける。そのほうがずっといい。

率直に伝えると何かまずいことが起きる場合は、気をつけるのが当然だ。ただ、ほとんどの場合、まずいことが起きそうだというより、単に勇気がなくて言えないだけだと思う。悪いことを言う役を引き受けたくない、いい顔をしていたい、というそれだけの理由ではないだろうか。

相手に遠慮なく伝えると大きく機嫌をそこねそうだとか、プロジェクト自体をつぶしてしまいかねないなど、注意しなければならない場合は、言うメリット、デメリットを書いて冷静に判断する。そういうときは一人で決めず、できるだけ信頼できる同僚・友人の意見も聞いて決める。そういう癖をつけておくと、一人で抱え込むこともなくなって気分が楽になり、いい意味で居直ることができる。居直ればうじうじしなくなるので、仕事は速くなる。

コミュニケーションのミスをなくす④

合意した内容を書面で共有する

仕事を速く進めるには、相手と合意した内容をその場で書き、読み上げて確認し、ずれがないことをしっかりと確かめる必要がある。確認しないと十中八九、ずれている。まさかこんなことで理解のギャップがあるなどと夢にも思わないようなことでずれる。たとえば、

Aさん：「そうか、このプロジェクトは今後2か月で何とか終わらせて、そのあとのことはそこで決めればいいんだな」

Bさん：「そうか、このプロジェクトは今後2か月で必ず終わらせて、そのあとがないと思っておいたほうがいいんだな」

くらいの理解のギャップはすぐ生じてしまう。

このギャップによって、Aさんは2か月で終わらなくても何とかなると思って、ある程度余裕を持ちながら仕事を進めていく。Bさんは何としても2か月で終わらせないといけないと思って、前倒しに進めようとする。スケジュール、段取り、人員配置、途中での達成レベルなどで大きな違いが生まれるので、かなり揉めることになる。

書面での確認どころか、口頭でも合意内容を確認せず、「じゃあよろしく」と終わる人が多いのは、非常に危険だ。なぜそういう危ない橋を平気で渡るのか理解できない。恐らく怠慢なだけであり、全体としての仕事のスピード、成果に大きく影響するならば、やはり最善手を尽くしたい。

書面での確認が重要な理由は3つある。

◎合意したと思った時点でも、相手の理解にギャップがある
◎何を合意したか、時間がたつと相手の記憶が曖昧になり、都合よく記憶する
◎何を合意したか、時間がたつとこちらの記憶が曖昧になり、こちらの都合のよいように記憶する

1つ目はすでに説明した通り、議論し、合意したと思った時点で少なからずギャップがあることが多く、「まさかそういう理解、解釈はないよな」と思うような理解をされることは日常茶飯事だからだ。これは相手だけを責めることではなく、こちらの表現の曖昧さ、あるいは言葉そのものの意味のゆらぎなども理由になる。書面にしなければなおさらだ。

2つ目、3つ目は、人の記憶は都合のいいように変わる、いくらでも変わる、という現実的な問題があるからだ。「こういうことだった、間違いない」と思っても、自分の都合のいいように記憶は変わっていく。自分の記憶ですら、決して頼りにしてはいけない。あるキーワードは忘れないと思っても、どういう文脈での意味だったのか、相手はそれをどう取ったのか、となると、極めて曖昧になる。

なので、合意できた時点で必ず書面に残し、自分も相手も記憶がゆらがないようにすることが仕事するうえでの知恵である。

「上から目線」が諸悪の根源

コミュニケーション上の問題で最もよく見られ、深刻なものは「上から目線」だ。「上から目線」とは、自分のほうが優位だと勝手に思い込み、馬鹿にしたような表情、表現を相手に見せつけて優位に立とうとすることだ。パワハラのようにはっきりと相手を罵倒したり、汚い言葉を投げつけたりはしない。むしろ礼儀正しい振りをして、実際は相手を馬鹿にしている。

こちらが「上から目線」で接すると、当然ながら相手は気分が悪い。はっきりと罵倒したりパワハラをしたりしているわけではないので、表だって文句を言うことはむずかしい。パワハラだと人事部に訴えることもできない。でも、間違いなく相手はこちらに敵意を持ち、やる気を失う。

もし「上から目線」だと一度でも言われたことがある人は、極力気をつけたほうがいい。そんな接し方をしてもいいことはまったくない。心のバランスがとれたり、自信がついたりするわけでもない。仕事がよりうまくいくわけでもなく、嫌われるだけだ。「上から目線」と言われたことがなくても、周囲が遠慮しているだけかもしれない。立場が上の人ほど、また学歴がいいとか、これまで順調に来た人ほど気をつけたほうがいい。気がつかず、意識せず、「上から目線」になっていることもあるからだ。そうなると仕事のスピードアップとか言う以前の問題だ。

ではなぜ、「上から目線」になってしまうのか。これは、自分に自信がなく、心に余裕がないからだと考える。自分に自信がないので、「上から目線」で接してその場だけの優越感に浸ろうとする。そんなことをしても自信がつくわけでも何でもないので、本当に意味がない。意味がないどころか害がある。

自信を持てない人は、その人の能力・実績というよりは、心の持ちようで決まっているようだ。人がうらやむ経歴、実績を上げていても、自信のない人はない。いつも不安で落ち着きがなく、「上から目線」で人に接して、つかの間の優越感に浸り、少しだけ安心する。そういう人はかわいそうに思うが、相手をさせられる人は何倍も何十倍も気の毒だ。

では、どうやったら、「上から目線」にならずにいられるか。これは、どうやったら自信を持っていられるか、ということにかなり近い。自分に自信を持つには、

◎自分は何が得意か
◎なぜ自信がないのか
◎どういうときに特に自信がないのか
◎誰に対して自信を持てないのか
◎誰に対しては自信を持てるのか
◎いつも自信を持って行動している人は誰か。それはなぜか

などのタイトルで66頁の「メモ書き」を数十ページ書く。数十ページ書くと、自分は何が不安だったのか、どうして自信がないと思っているのか、どうして人を攻撃したくなるのか、攻撃してどう思うのかなどの本音が初めて見えてくる。

本音に気づくと、「なんだ、そうだったのか」という発見が生まれ、少しだけ心に余裕が出てくる。よくわからず不安やプレッシャーを感じていたので余計に攻撃的になっていたことに気づく。不安を隠すために攻撃的になり、しかも「丁寧で親切」と

いう自分像を壊したくないために、露骨な罵倒ではなく見かけはソフトな「上から目線」で人に接するようになっていたことに気づく。

自分に問題があるかもしれないと気づいた場合、信頼できる人に包み隠さず相談する必要がある。どうしてもいない場合は、私あてに詳しい状況をメールでいただければ（akaba@b-tpartners.com）、わかる範囲でフィードバックをさせていただく。「上から目線」かどうか、どうしてそうなっているか、どうやったらもっと普通に接することができるかなど、助言できると思う。

また、「自分より経験がない、スキルがない、ということと人としての価値はまったく関係ない」「他ではなく、自分と一緒にやってくれて本当にありがたい」といつも考え続けることだ。当然のことだが、これがとても大切だ。

ポジティブフィードバックに徹する

事を速く進める人は、ポジティブフィードバックがうまい。ポジティブフィードバックとは、部下やチームメンバーがよい結果を出したときに褒めたり、感謝したり、ねぎらったりすることだ。どんな小さなことでも褒める。その場で褒める。大げさとか心配して妙にコントロールせず、心から褒める。結果がいまひとつでも、努力・プロセスがよい場合は、「頑張ったね！」「本当にご苦労さん」「助かったよ」とねぎらう。だめなときでも、「今回はうまくいかなかったけど、次はこうしよう。そうすればうまくいくよ」と慰める。

要は、何にせよ、前向きに、明るく接するということだ。人として当然のことだと思うが、日本の上司やチームリーダーは褒めないことが多すぎる。日本の組織は体育会系的で、褒めると怠けるとか甘く見られると考えている。「厳しく接するほうが怠けない、厳しく躾けるほうが伸びる」という伝統的な価値観を多かれ少なかれ引きずっている。

これは古い考え方であり、いまではまったく通用しないと私は考えている。じつは昔も決してよいとは言えなかったが、閉塞的な社会で何とか押し通すことができていただけだ。

誰でも褒められたり、感謝されたり、ねぎらわれたりすれば嬉しい。そのほうがよほどやる気が出る。もっと頑張ろうと思う。この上司・リーダーのため、この人のためにもっと成果を出したいと思う。それが自然な感情だ。

ただ、上司はかなり褒めているつもり、感謝しているつもりでも、部下のほうは全然褒められていないと感じていることが普通なので、十二分に表現する必要がある。

結果が悪かったときは本人が一番わかっている。悔しい思いをしている。次回は何とかしようと思っている。わかっている本人に対してダメ出しをし、罵倒しても、やる気が湧いてくるはずがない。

罵倒されて敵意を持ち、「こん畜生」と思い頑張ることは確かにあるが、それはあまりにも不健全だ。その場は悔しくて結果を出しても、どす黒いものが心の底に溜まり、機会があれば、足を引っ張ろうとしたり転職を考えたりする。

ポジティブフィードバックをするようになると、これまでの態度との違いから、人によっては「そんなことはないでしょう」「え？　下心があるのでは？」、はたまた「気持ち悪いなあ。大丈夫ですか？」などいろいろ言うが、それにひるんではいけない。嫌味を言ったとしても内心は嬉しい人のほうが圧倒的に多い。

もちろん、「こいつはだめだ」と内心思っていて、上っ面だけ取り繕っても即座に見透かされる。気持ちを隠すことは絶対できないと思っておいたほうがいい。

そうではなくて、小さなことでも感謝の気持ちがあれば、自然にポジティブフィードバックができるようになる。部下を育てるのが自分の責任だと思えば、「地獄に堕ちろ」的な負のオーラを出さずに、「次はこうすればいいんだよ」と救いのある表現が心からできるようになる。

企業の経営改革プログラム等で、部課長のポジティブフィードバックトレーニングを行なうことがある。そこでよく出される質問は「褒めるとさぼりませんか？」「怠けませんか？」「自分は褒められたことなんか全然ないし」といったものだ。これに対して私は、「そういうことはよけいな心配ですから、安心してポジティブフィードバックをしてください。少なくとも、部下やチームに感謝してください。だめなときに無理に褒めようとか言っているわけではありません」と言って、壁を打ち破ってもらう。部下を褒めたりねぎらったり、感謝したりして、どういう反応があったか、自分はどう感じたかを部課長同士で共有すると、いろいろな発見があって彼らの行動が変わっていく。無理しても1、2回ポジティブフィードバックしてみると、すぐよい反応があるので、皆大変に嬉しそうな顔をして共有してくれる。それに対して、私からもポジティブフィードバックをし続けると、さらに部課長はポジティブフィードバックをすることに慣れていく。

いつ褒めようかとか、まとめて褒めようとするとタイミングを逸するので、気がついたとき、躊躇なくポジティブフィードバックするのがよい。わざとらしいと思われるのではないかと気にすることはまったくない。

私のお勧めは、毎日、ポジティブフィードバックを何度言ったか、「正」の字を書いて数えることだ。毎日10回以上言うようになれば、部下、チームメンバーとの関係がよくなり、成果も出やすくなる。結果として仕事のスピードが目に見えて上がっていく。もちろん、プライベートでも劇的な効果を発揮する。

避けてよい人もいる

最後に、仕事のスピードを上げるうえで、あるいはコミュニケーションのミスをなくすうえで、重要ではあるものの、やや言いにくいことを説明しよう。次の3種類の人は避けるほうがよい、ということだ。

◎本当に相性の悪い人
◎悪意のある人
◎やや病的な人

人と人との間には明らかに相性がある。相性がよい人とは、一緒にいると気持ちいい。楽しい、やすらぐ、話が弾む。相性が悪いと、感じが悪く、話が一々ぶつかり、判断がずれ、一緒にうまく働けない。なかでも本当に相性の悪い人とは、どうにも一緒に仕事ができない。先入観を持って接してはだめだが、どうやってもうまくいかない場合は避けてしまうほうがよい。

相性の悪さを越えて、悪意を持って接してくる人もいる。こちらの思い過ごしではなく、明らかに仕事の邪魔をしたり、何らかの破壊活動をしかけてきたりする。悪口を言いふらしたり、あることないことをでっちあげたりする。スピードアップどころか、仕事がうまくいかなくなるし、こちらの心がずたずたにされる。

また、やや病的に絡んでくる人もいる。こちらがどう努力しても足を引っ張られ、悪いほうへ悪いほうへ引っ張りこまれる。どんなに人間関係を改善しようとしても、改善のしようがない。こちらの好意が必ず逆手に取られ、どんどん泥沼になる。

何度話してもその度に嫌な思いをするような相手、毎回毎回揚げ足を取り、ねちねちと絡むような相手、どう言っても結局はこちらが悪いという結論にしかならないような相手、なぜか常に嘘が多い相手とは、まともにやり取りしようと思わないほうがよい。相手は正常ではないからだ。

こういう相手は、問題が起きるのはこちらのせいだと言い張り、多くの場合、それを信じ込ませる。こちらが悪いから相手の機嫌がこんなに悪い、相手が嫌な思いをしている、と考えてしまうように仕向ける。思い当たる症状に関してネットで調べれば、詳しい説明がすぐ見つかるはずだ。

もしそうだったら、逃げ出すしかない。接触そのものが災いを呼ぶ。全力、最速できっぱりと線を引く。いっさい関わらないようにする。

取引先の中心人物だったら、そことは取引しないようにする。こちらの人間性を否定するような相手とビジネスをしてもしょうがないからだ。もしそれが自分の上司だったら、同僚に確認して自分だけの問題でないことがわかれば、何とかして上司の上司に相談する。それでもだめなら人事部に相談して配置転換してもらう。それでもだめなら、転職する。もし、そういう人があなたの彼・彼女・夫・妻だったら？　これはむずかしい問題だが、我慢すべき話ではないと考える。

こういったことは、仕事のスピードアップをする以前の問題で、人生を破壊されてしまう。ぜひとも、「自分が悪い、自分のせいでこうなった」ではなく、周囲にすぐ相談して、しっかり立ち上がり、頑張れる前向きな環境をつくっていただきたい。仕事のスピードアップはそれからだ。

おわりに

どうだろうか。私がマッキンゼーに入社して以来、日々積み重ねてきた仕事のスピードアップのノウハウをできる限り詳細に公開した。スピードアップの鍵は、「仕事のスピードは無限に早くなる」「思考のスピードは無限に早くなる」という信念のもと、あらゆる創意工夫をし続けることだと考えている。

創意工夫をし続けていると、アイデアがアイデアを呼び、どんどん改善することができる。「はじめに」で述べたように、私の仕事は日々増えているが、何とか対応できているのは、スピードを上げ、生産性を高めていくことに関して自信を持っているからだ。

読者の皆さんにもぜひこういった工夫のしかたを参考にしていただきたい。工夫の具体的な中身は、それぞれの方の趣味嗜好、価値観、スキル等によって大いに異なるはずだが、工夫し続けている限り、必ず成長する。

なお、『ゼロ秒思考』のときと同じく、Facebookグループ『「速さは全てを解決する」ゼロ秒思考の仕事術」についてのディスカッション』でお互いのノウハウ共有をする場を設けている。ぜひ積極的に投稿し、充実した毎日を送っていただきたい。皆で日本を元気にしていこう。

最後に、本書を読まれた感想、質問を私あて（akaba@b-t-partners.com）にお送りいただければ、すぐお返事させていただきます。お待ちしております。

［著者］

赤羽雄二（あかば・ゆうじ）

東京大学工学部を1978年に卒業後、小松製作所で建設現場用ダンプトラックの設計・開発に携わる。1983年よりスタンフォード大学大学院に留学し、機械工学修士、修士上級課程を修了。1986年、マッキンゼーに入社。経営戦略の立案と実行支援、新組織の設計と導入、マーケティング、新事業立ち上げなど多数のプロジェクトをリード。1990年にはマッキンゼーソウルオフィスをゼロから立ち上げ、120名強に成長させる原動力となるとともに、韓国企業、特にLGグループの世界的な躍進を支えた。2002年、「日本発の世界的ベンチャー」を1社でも多く生み出すことを使命としてブレークスルーパートナーズ株式会社を共同創業。最近は、大企業の経営改革、経営人材育成、新事業創出、オープンイノベーションにも積極的に取り組んでいる。著書に『ゼロ秒思考』（ダイヤモンド社）、『7日で作る 事業計画書』（明日香出版社）、『頭を前向きにする習慣』（幻冬舎）がある。

HP：http://b-t-partners.com/
ブログ：http://b-t-partners.com/akaba/
Facebookグループ：「速さは全てを解決する」についてのディスカッション

速さは全てを解決する

『ゼロ秒思考』の仕事術

2015年1月22日　第1刷発行
2015年4月3日　第6刷発行

著　者 ――― 赤羽雄二
発行所 ――― ダイヤモンド社
〒150-8409　東京都渋谷区神宮前6-12-17
http://www.diamond.co.jp/
電話／03·5778·7236（編集）　03·5778·7240（販売）

装　丁 ――― 小口翔平（tobufune）
校　正 ――― 加藤義廣（小柳商店）
本文デザイン・DTP ― 新田由起子＋徳永裕美＋川野有佐（ムーブ）
製作進行 ――― ダイヤモンド・グラフィック社
印　刷 ――― 勇進印刷（本文）・加藤文明社（カバー）
製　本 ――― ブックアート
編集担当 ――― 横田大樹

ISBN 978-4-478-02978-7